آشکار سازی کبالا

راهنمای یک شخص معمولی
به سوی زندگی ای با آرامش بیشتر

نوشته : دکتر میخائل لایتمن
مقدمه توسط : پروفسور اروین لازلو

کپی رایت ©2023 توسط میخائل لایتمن

کلیه حقوق محفوظ است

منتشر شده توسط انتشارات لایتمن کبالا

www.kabbalah.info info@kabbalah.info

ISBN 978-1-77228-120-0

هیچ بخشی از این کتاب قابل استفاده یا بازتولید نیست

به هر روشی و بدون اجازه کتبی ناشر ،

جز در مورد نقل قول های کوتاه تجسم

در مقالات مهم یا بررسی

چاپ اول: فوریه 2023

2

9	مقدمه
15	فصل ۱ - کبالا، گذشته و حال
15	طرح جامع
18	مهد علم
19	مسیرهای دیگر
20	سوالات بزرگ
21	کبالا وارد می شود
22	موتور تغییر
23	روی صندلی راننده نشستن
25	پنهان کردن، به دنبالش گشتن، اما پیدا نکردن
27	بحران های جهانی، پایان خوشی دارند
27	خودپرستی یک وضعیت بدون برد است
29	نیاز به نوع دوستی
32	درک پیشرفته
33	زمان آن، اکنون است
35	در پوست گردو
36	فصل ۲ - بزرگترین آرزوی همه
37	تخته پرشی برای رشد
39	پشت درهای بسته
41	تحول خواست ها
44	رسیدگی کردن به خواست ها
46	یک خواست جدید در شهر
47	روشی جدید، برای خواستی جدید

49	تیکون: اصلاح خواست گرفتن
51	در پوست گردو
52	فصل ۳ - سرچشمه خلقت
53	دنیاهای روحانی
55	چهار فاز بنیادی
60	تلاش برای درک اندیشه خلقت
67	مسیر
73	آدم هاریشون - روح مشترک
76	در پوست گردو
77	فصل ۴ - جهان ما
78	هرم
80	هرچه در بالا است، در پایین نیز
81	بالا رفتن از نردبان
86	خواست روحانیت
94	در پوست گردو
95	فصل ۵ - واقعیت چه کسی، واقعیت است؟
99	سه مرز، در آموختن کبالا
99	مرز اول: آنچه ما درک میکنیم
99	مرز دوم: جایی که ما درک می کنیم
101	مرز سوم: کسی که درک می کند
104	درک واقعیت
106	واقعیتی که وجود ندارد
109	مکانیزم اندازه گیری

حس ششم	111
هرجایی که یک راه وجود دارد، یک خواست وجود داشته است.	114
اندیشه خلقت	117
رِشیموت - بازگشت به آینده	119
در پوست گردو	122
فصل ۶ - راه (باریکی) به سوی آزادی	124
تاریکی پیش از سپیده دم	126
یک دنیای جدید شجاع، در چهار قدم	131
چهارچوب خودت را بشناس	135
افسار زندگی	137
تغییر جامعه، برای تغییر خودم	139
چهار عامل	141
انتخاب محیط مناسب، برای اصلاح	145
آنارشیست نه	149
مرگ اجتناب ناپذیر خودپرستی	151
آزادی تقلبی	155
شرایط انتخاب آزاد	157
پیاده کردن انتخاب آزاد	158
باور	158
عقل	160
در پوست گردو	162
لینک ها برای مطالعات بیشتر	164

بیوگرافی ها

دکتر میخائل لایتمن

دکتر میخائل لایتمن، یک شخصیت بین المللی در مورد آموزش دانش کبالا است. پیشینیه کاری او برای یک کسی که در زمینه روحانیت بسیار شناخته شده است، کاملا غیر معمول است. او در علوم طبیعی تحصیل کرده و مدرک کارشناسی ارشد در بیوسایبرنتیک، Biocybernetics دارد. لایتمن به شغل علمی موفق خودش ادامه داد تا اینکه بعدها برای پیشبرد تحقیقات علمی اش به کبالا روی آورد.

لایتمن مدرک دکترای خودش را در موضوع "فلسفه و کبالا" از موسسه فلسفه مسکو در آکادمی علوم روسیه دریافت کرد. در سال ۱۹۷۶ میلادی او شروع به مطالعه کبالا کرد، و از آن زمان به بعد درباره این موضوع مشغول تحقیق بوده است. در سال ۱۹۷۹ میلادی درهنگام جستجوی مسیرهایی جدید در کبالا او کبالیست "رَبی باروخ شالوم هَلاوی آَشلاگ" را ملاقات کرد. این شخص، فرزند اول و جانشین کبالیست "رَبی یهودا هَلاوی آَشلاگ" است، که خود این فرد دوم به عنوان "بَعَل هَسولام" شناخته می شود، زیرا او تفسیر "سولام"، یا نردبان، را بر کتاب زوهر نوشته است.

میخائل لایتمن چنان تحت تاثیر فرزند بَعَل هَسولام قرار گرفت، که تبدیل به نزدیکترین دانش آموز و دستیار شخصی رابی باروخ شد. او بیشتر زمانش

را در همراهی با استاد محترمش میگذراند تا بتواند بیشترین مقدار دانش را از او جذب کند.
امروزه دکتر لایتمن به عنوان شناخته شده ترین شخصیت در دانش کبالا مطرح می شود، که بیش از ۳۰ کتاب در مورد این موضوع تالیف کرده است، و آنها به بیش از ۱۰ زبان دنیا ترجمه شده اند. درس های صبحگاهی زنده او به صورت روزانه بر روی تلویزیون کابلی و اینترنت در سراسر دنیا پخش میشوند. در سال های اخیر، او تبدیل به یک مدرس افتخاری در جمع های دانشگاهی در ایالات متحده و اروپا شده است.
دکتر لایتمن همچنین موسس و رئیس موسسه ی تحقیقاتی و آموزشی کبالا با نام "بنی باروخ" است، که بزرگترین و گسترده ترین وبسایت درمورد دانش کبالارا مدیریت میکند.آدرس این وبسایت چنین است: www.kab.info
این وبسایت دسترسی بی قید و شرط به متون کبالیستی و رسانه های گوناگونش را به بیش از ۲۰ زبان دنیا فراهم می کند و بیش از ۱.٤ میلیون بازدید کننده در ماه دارد. از سال ۲۰۰۰ میلادی به بعد ، دانشنامه بریتانیکا، این وبسایت را به عنوان یکی از بزرگترین وبسایت ها ، هم از نظر تعداد بازدیدکنندگان و هم از نظر میزان مواد آموزشی و اطلاعاتی در مورد دانش کبالا می شناسد.

پروفسور اروین لازلو
پروفسور اِروین لازلو متولد سال ۱۹۳۲ در بوداپست مجارستان ، کسی که مهربانانه مقدمه ای بر کتاب "آشکارسازی کبالا" نوشته اند، بنیانگذار و شناخته شده ترین نماینده ی فلسفه "تئوری سیستم ها و تحول کُلی " هستند.

وی کارش را به عنوان یک پیانیست کنسرت ها در سن ۱۵ سالگی در نیویورک شروع کرد، اتفاقی که در مجلات نیوزویک، تایم، لایف و رسانه های بین المللی گزارش شده است.

پروفسور لازلو، در میانه های دهه ی دوم زندگیش به علم و فلسفه روی آورد، و در سال ۱۹٦۳، شروع به انتشار کتاب ها و مقالات خودش کرد. در سال ۱۹۷۰ او دکترای ملی که بالاترین درجه در دانشگاه "سوربن" در پاریس فرانسه است را دریافت کرد. در ادامه آن سال ها او مدارک دکترای افتخاری بیشتری از ایالات متحده، کانادا، فنلاند، روسیه و مجارستان دریافت کرد.

برای شناخت و تشخیص تعهد او نسبت به درک و پیشرفت جهانی این را میتوان گفت که ایشان در سال ۲۰۰۱ جایزه"Goi "یا جایزه ی صلح ژاپن را دریافت کرد. او ۷۲ کتاب نوشته است که به بیش از ۱۸ زبان دنیا ترجمه شده اند.

مقدمه

من خشنودم و افتخار دارم که از من خواسته شده است تا مقدمه ای بر کتاب "آشکارسازی کبالا" نوشته ی دکتر لایتمن بنویسم. نویسنده ی کتاب نه تنها یک دوست عزیز است، بلکه به نظر من او بزرگترین کبالیست زنده ی امروزیست. یک نماینده ی حقیقی برای دانشی که به طول مدت دو هزاره پنهان نگه داشته شده بوده است. اکنون که دانش کبالا در میان دیگر دانش های بومی و منطقه ای به صورت تمام عیار در حال ظهور است، من باور دارم هیچ شخص دیگری مناسب تر از او برای شرح دادن اساس این دانش وجود ندارد.

در دنیای امروز، ظهور کبالا به عنوان وسیله ی معتبری برای آموزش، دارای اهمیت ویژه ای است. کبالا می تواند به ما کمک کند تا آگاهی مان را در مورد دانشی که پدران ما دارا بودند، و ما فراموشش کرده ایم، دوباره کسب کنیم.

دانش های بومی دقیقا به این دلیل امروزه در حال ظهور هستند که مدرسه ی اندیشه ی مکانیکی و معمول دانشگاهی ما، در فراهم کردن رفاه و پایداری که قولش را داده بود، شکست خورده است. یک ضرب المثل چینی هشدار می دهد که: "اگر جهتمان را تغییر ندهیم، احتمالا دقیقا به همان جایی که به سویش در حال حرکتیم میرسیم." که اگر آن را در مورد بشریت معاصر به کار

بگیریم آن می تواند فجایع زیر را اثبات کند.

تغییرات جوی و ژئولوژی ما را تهدید می کنند.

مناطق وسیعی از سیاره ی ما در حال تبدیل شدن به مکان های غیرقابل زندگی و نامناسب برای اسکان بشر و ناکافی برای تولید غذا هستند. به علاوه بیشتر اقتصادهای جهان به سمت خودکفایی کمتری پیش میروند. این روند به طور نگران کننده ای با کاهش ذخایر غذا همراه شده است. آب آشامیدنی کمتری برای بیش از نیمی از جمعیت جهان وجود دارد. به طور میانگین، بیش از شش هزار بچه در هر روز، از اسهال ناشی از آب آلوده می میرند. در بسیاری از قسمت های جهان، خشونت و تروریسم، تبدیل به ابزار محبوبی برای حل درگیریها شده اند. بنابراین، عدم امنیت در هر دوی کشورهای ثروتمند و فقیر در حال عمیق تر شدن است.

بنیادگرایی دینی در سراسر جهان در حال گسترش است. نئونازی و دیگر جنبش های افراطی، در اروپا در حال جوانه زدن هستند، و تعصب مذهبی، در سراسر جهان در حال ظهور است.

بنابراین توانایی بقای خود ما بر روی این سیاره مورد سوال است.

با این وجود، فروپاشی سرتاسری جهان یک اجبار نیست. ما می توانیم جهت جریان را عوض کنیم و سناریوی زیر نیز کاملا امکان پذیر است.

همانطوری که بخش دوم این کتاب نشان خواهد داد، ما میتوانیم با یکدیگر همکاری کنیم و اهداف مشترک صلح، بقا، و پایداری را دنبال کنیم. رهبران تجاری جهان میتوانند زمین متورم شده برای تغییر را تشخیص داده و به آن با کالاها و خدماتی که متناظر با تغییر در تقاضا هستند پاسخ دهند.

اخبار جهانی و رسانه های سرگرم کننده میتوانند چشم اندازهای تازه ای را

کاوش کنند.

نوآوری های اجتماعی و فرهنگی قادر خواهند بود تصویر جدیدی در مورد خود و طبیعت بر روی اینترنت و تلویزیون و همچنین در شبکه های ارتباطی شرکت ها و اجتماع اعمال کنند.

در این صورت در جامعه شهری، یک فرهنگ زندگی نوین خواهیم داشت که جایگزین روش های پیشین خواهد شد و با ارزش های مسئولانه به حمایت از سیاست های پایدارتر اجتماعی و محیط زیستی خواهد آمد.

در این روش ، قوانینی موثر برای محافظت از محیط، تولید غذای کافی، سیستم های عادلانه توزیع منابع، گسترش و استفاده از انرژی پایدار، حمل و نقل و تکنولوژی های کشاورزی به وجود خواهد آمد.

در این چشم انداز مثبت، بودجه ها از ارگان های دفاعی و نظامی به سوی خدمت به نیاز های مردم تغییر جهت داده خواهد شد. با کمک این پیشرفت ها، درگیریهای نژادی و قومی، بی اعتمادی های ملی، اختلافهای بین المللی، تضاد بین فرهنگی، سرکوب، بی عدالتی اقتصادی، و نابرابری های جنسی همه برای خاطر احترام و اعتماد متقابل، از سر راه کنار میروند. مردم همه ملل و اجتماع ها با آمادگی کامل با هم همکاری میکنند و مشارکت های مفید خواهند داشت و به این شکل و تولید گری را توسعه خواهند داد.

بنابراین به جای درهم شکسته شدن به وسیله ی جنگ و درگیری، بشریت یک گذار خواهد داشت. نه تنها به یک جهان پایدار خودکفا که جوامع در آن همکاری متقابل دارند بلکه به آینده ی خوشایندی از صلح، آرامش، و شکوفایی کامل.

یک دنیای آرام و پایدار می تواند در انتظار همه ی ما باشد، اما برخلاف آن در حال حاضر ما به سوی آن در حرکت نیستیم. انیشتین به ما گفت: "مشکلات

بزرگی که ما با آنها روبرو می شویم، نمی توانند به وسیله و با همان سطح تفکری که ما آنها را خلق کرده ایم، حل بشوند." اما ما داریم تلاش میکنیم که دقیقا همان کار را بکنیم. ما تلاش میکنیم که با تروریسم، فقر، جنایت، فرسایش محیطی، بیماریها و دیگر ناخوشی های تمدن مدرن با همان روش هایی که خودمان در جایگاه اول آنها را تولید کرده ایم بجنگیم. ما در حال حاضر ترمیم های تکنولوژیکی و مسکن های درمانی موقتی را بکار می گیریم، اما ما یک خواست یا تصویری برای خلق یک تغییر پایدار و بنیادی بلند مدت را به وجود نیاورده ایم.

آگاهی سیاره ای (جهانی)

با توجه به بحران های جهانی کنونی، بشر همیشه به دنبال مسیرها و روش های نوین اندیشیدن بوده است. چنین روش هایی از زمان باستان وجود داشته اند و البته دانش هایی بسیار مقتضی و بومی هستند. برای آنها آگاهی سیاره ای به طور محض، یک مفهوم فرعی و کمکی نیست، بلکه دقیقا ذات آنهاست. وقتی ما این روش ها را مطالعه میکنیم، تشخیص میدهیم که آگاهی سیاره ای در حقیقت یک آگاهی قدیمی و همیشگی است، و اکنون آن تنها دوباره کشف شده است.

در واقع مدت زمان زیادی است که آگاهی سیاره ای مجددا کشف شده است. عموما فکر کنیم که آگاهی انسان، آن چیزی است که ما با حواس پنجگانه مان به دست می آوریم. ما هر چیز دیگر را به صورت انتزاعی تصور میکردیم. به شکل طبیعی، فراتر از حواسمان، چیزی را درک نمی کردیم. همچنین سایر نگرش ها به صورت، عرفانی، ماورائی و رمز گونه تصور می شدند. ایده هایی در مورد این که ما به نوعی به یکدیگر وابسته هستیم و بخشی از

یک کلّ بزرگتر هستیم، تنها به طور استثناء هایی در تاریخ تمدن بودند. اما اگر ما به تاریخ ایده ها نگاه کنیم، درخواهیم یافت که حقیقت کاملا متضاد است. تفکر حداقلی، مکانیکی و ناپیوسته، که در جهان غرب از حدود ۳۰۰ سال قبل رشد کرده، یک دیدگاه عادی نیست؛ بلکه یک استثناء است. فرهنگ های دیگر نیز ترویج دهنده این تفکر نیستند. حتی غرب نیز، پیش از ظهور دیدگاه جهانی مکانیکی، که آن را از فلسفه نیوتن در مورد طبیعت به ارث برده (یا سو استفاده کرده) ، با آن ادغام نشده بود.

در فرهنگ های دیگر و همچنین در دنیای غرب، قبل از دوران مدرن، آگاهی اغلب مردم بر به یکدیگر متصل بودن و یگانگی بین انسانها استوار بود. همچنین بیشتر فرهنگ های سنتی موافق نیستند که مردم به جز منافع و علایقی که اتفاقی با هم همزمان می شوند، هیچ چیز مشترکی داشته باشند.

ریشه قدیمی همه دانش های سنتی ، مفاهیم "آگاهی سیاره ای" هستند. این عبارت، آگاهی از سرنوشت مشترکمان به عنوان موجودات انسانی و شهروندان این سیاره را تعریف میکند. اگر ما بخواهیم که وجودمان بقا داشته باشد، اگر بخواهیم که فرزندان و نوه هایمان آینده ای ایمن و پایدار داشته باشند، ما بایستی آگاهی جهانی را پرورش و گسترش دهیم.

برای پیشرفت و حرکت رو به جلو، ما بایستی طرز فکری را بارور کنیم که ما را قادر می سازد که یک خانواده ی انسانی متحد، و یک تمدن سیاره ای را شکل دهیم. با این وجود این تمدن نباید یک فرهنگ هم شکل باشد. یعنی نباید اینگونه باشد که هر کسی یا ملتی که یک سری از ایده ها را دنبال می کند، آن ایده ها را به شخص یا ملت دیگری تحمیل کند. بلکه آن بایستی یک تمدن متنوع باشد، که عناصر آن به همدیگر می پیوندند تا کل سیستم یعنی تمدن سیاره ای بشر را حفظ کرده و گسترش دهند.

این تنوع اساس هماهنگی و پایه صلح است. هر جامعه ای که نجات یافته آن را دارا بوده است، اما اکنون جوامع غربی و ملت های غربی شده آن را فراموش کرده اند. در پروسه ی خلق پیشرفت تکنیکی و اقتصادی، آنها یکپارچگی، تمامیت و یگانه بودن سیستم را تکه تکه کرده اند. حال، زمان آن است که آن را بازیابیم و دوباره بهم پیوند دهیم.
همانطور که من از طریق آشنای ام با نوشته های دکتر لایتمن یاد گرفته ام، کبالا به شکل معتبرش، نه تنها مفهوم یگانگی و یکپارچگی بشریت و جهان را ترویج می کند، بلکه روش های عملی برای بازیابی این یگانگی و یکپارچگی گمشده بشریت و جهان را نیز ارائه میکند.
این توصیه ی قلبی من است که این کتاب را با دقت بخوانید. چون آن خیلی بیشتر از اطلاعاتی کلی درباره ی یک دانش باستانی برایتان فراهم می کند. آن همچنین کلیدی به دست می دهد که بتوانیم رفاه بشریت در این دوران بحرانی را تضمین کنیم.
تضمینی استوار برای این دوران بحرانی که ما با خطر بی سابقه ی یک انتخاب روبرو هستیم. انتخابی بین مسیر پس گرایی، که به یک فروپاشی جهانی منجر میشود، و مسیر تکاملی که میتواند ما را به دنیایی از صلح، هماهنگی، رفاه و پایداری برساند.

اِروین لازلو

فصل ۱ - کبالا، گذشته و حال

طرح جامع

این یک راز نیست. کبالا با تبدیل شدن به مد روز در هالیوود آغاز نشد. آن در حقیقت برای هزاران سال در این دور و بر بوده است. وقتی آن برای اولین بار ظاهر شد، مردم، بسیار به طبیعت نزدیکتر از آن چیزی که امروزه هستند بودند. آنها یک جور صمیمیت با طبیعت داشتند و از رابطه خودشان با آن مراقبت می کردند. در آن روزها، آنها دلایل بسیار کمی برای جدا بودن از طبیعت داشتند. آنها به اندازه امروز ما خودمحور و بیگانه با محیط طبیعی شان نبودند. در حقیقت در آن زمان بشریت قسمتی جدا نشدنی از طبیعت بود و از صمیمیت و رابطه خودش با آن مراقبت میکرد.

به علاوه، بشریت به اندازه کافی در مورد طبیعت نمی دانست تا احساس امنیت کند. درعوض، ما از نیروهای طبیعت می ترسیدیم. که این امر ما را مجبور می کرد تا با طبیعت به عنوان نیرویی بالاتر از خودمان برخورد کنیم.
صمیمی بودن با طبیعت از یک سو و ترسیدن از آن، از سوی دیگر، باعث می شد تا مردم نه تنها مشتاق باشند در مورد دنیای اطرافشان یاد بگیرند بلکه مهمتر اینکه تعیین کنند و تشخیص دهند چه چیزی یا چه کسی بر آن حکومت می کند.
در آن روزهای اولیه، مردم نمی توانستند در برابر عناصر طبیعت به شکلی که امروزه هست، پنهان شوند. آنها نمی توانستند از سختی هایش آنگونه که ما در این دنیای " ساخت دست بشر" خود انجام می دهیم اجتناب کنند. و مهمتر اینکه ترس از طبیعت و در عین حال، نزدیکی به آن، بسیاری را مجبور کرد که برای کشف نقشه طبیعت برای خودشان و به طور اتفاقی برای همه ما تلاش کنند. آن پیشگامان جستجو در طبیعت می خواستند بدانند که آیا طبیعت طرح و هدفی دارد، و اگر دارد، نقش بشریت در این طرح جامع چیست. آن افرادی که به بالاترین سطح دانش دست پیدا کردند یعنی به طرح جامع رسیدند "کبالیست ها" نامیده می شوند.
یک فرد متمایز در میان آن پیشگامان ابراهیم بود. هنگامی که ابراهیم طرح جامع را کشف کرد، نه تنها عمیقاً به تحقیق درباره آن پرداخت بلکه برای اولین بار آن را به دیگران هم آموزش داد. او تشخیص داد که تنها تضمین در برابر ترس و بدبختی مردم این است که به طور کامل، طرح و نقشه طبیعت برای خودشان را بفهمند. وقتی او این را تشخیص داد، آنگاه هیچ زمانی را در آموزش هرکسی که می خواست آن را یاد بگیرد هدر نداد. به همین دلیل، ابراهیم اولین کبالیستی بود که سلسله ای از معلمان کابالا را آغاز

کرد که در آن ارزشمندترین دانش آموزان به نسل بعدی از معلمان تبدیل می شدند. کسانی که خود، این دانش را به دانش آموزان نسل بعد تر انتقال می دادند.

کبالیست ها، طراح طرح جامع را "خالق"می نامند و به خود طرح "اندیشه خلقت" می گویند. به عبارتی دیگر، که
بسیار مهم هم است، هنگامی که کبالیست ها در مورد طبیعت یا قوانین طبیعت صحبت می کنند، آنها در مورد خالق صحبت می کنند؛ و برعکس، هنگامی که آنها در مورد خالق صحبت می کنند، آنگاه در مورد طبیعت و قوانین طبیعت صحبت می کنند. یعنی این عبارات، هم معنی و مترادف هستند.

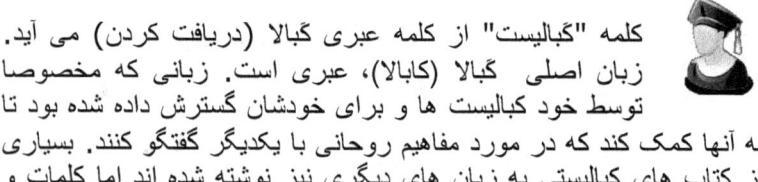

کلمه "گبالیست" از کلمه عبری گبالا (دریافت کردن) می آید. زبان اصلی گبالا (کابالا)، عبری است. زبانی که مخصوصا توسط خود کبالیست ها و برای خودشان گسترش داده شده بود تا به آنها کمک کند که در مورد مفاهیم روحانی با یکدیگر گفتگو کنند. بسیاری از کتاب های کبالیستی به زبان های دیگری نیز نوشته شده اند اما کلمات و عبارت های اساسی همواره عبری باقی می مانند.

برای یک کبالیست، عبارت "خالق" به معنای یک موجود جداگانه و مافوق طبیعی نیست. بلکه مشخص کننده مرحله بعدی است که انسانی که دانش دنیاهای بالاتر را دنبال می کند بایستی به آن برسد. کلمه عبری برای خالق، "بوره" است، که خود از دو کلمه تشکیل شده است: بو (بیا) و ره (ببین). بنابراین معنای آن در واقع، دعوت کردن یک شخص به تجربه کردن دنیای روحانی است.

مهد علم

دانشی که اولین کَبالیست ها به دست آوردند، به آنها بسیار بیشتر از آنچه که فقط دانستن اینکه چگونه چیزها در پشت پرده کار میکنند کمک کرد. با این دانش، آنها قادر بودند که پدیده های طبیعی که همه ما با آنها روبرو می شویم را توضیح دهند. بنابراین آنها تبدیل به معلم هایی برای ما شدند و دانشی که آنها به ما منتقل کردند تبدیل به بنیانی برای هر دو علوم باستانی و مدرن شد.

احتمالا ما در مورد کَبالیست ها به عنوان افرادی گوشه گیر درون اتاق های کم نور که با نور شمع نگه داشته میشوند و کتاب های جادویی را می نویسند فکر می کنیم. خب تا انتهای قرن بیستم، کَبالا حقیقتا به صورت سرّی و مخفی نگه داشته می شد. نگرش زیرزمینی به کَبالا باعث داستان ها و افسانه های بی پایان دور و ورای طبیعت حقیقی کبالا شد. اگرچه بیشتر این داستان ها نادرست هستند، اما آنها هنوز هم سخت گیرترین متفکران و اندیشمندان را سردرگم و دستپاچه می کند.

"گاتفرید لایبنیتز "ریاضیدان و فیلسوف بزرگ، خیلی رک و راست، افکارش در مورد اینکه چگونه این محرمانه بودن بر کابالا تاثیر گذاشته است را چنین بیان کرده است: "چون بشر کلید مناسب برای این راز را نداشت تشنگی برای این دانش سرانجام منجر به انواع مختلفی از موهومات و چیزهای کم اهمیت شد که باعث به وجود آمدن یک جور "کبالای مبتذل" شدند که اشتراکات کمی با کبالای واقعی داشت و شامل خرافات گوناگون، تحت عنوان نادرست جادو، می شد و این آن چیزی است که کتاب هایی که در مورد کبالا نوشته شده را پر کرده است.

اما کبالا همواره یک راز نبوده و در حقیقت اولین کبالیست ها در مورد دانش شان بسیار باز عمل می کردند و در عین حال، بسیار زیاد در درون جامعه

شان حضور داشتند. از میان همه این رهبران "کینگ دیوید" احتمالا مشهورترین مثال از کبالیست های بزرگی است که خودش رهبر بزرگی نیز بوده است.

مشارکت کبالیست ها در جوامع به دانشمندان معاصر شان کمک کرد که پایه های آنچه ما به عنوان "فلسفه غربی" می شناسیم را گسترش دهند. که خود آن بعدها پایه علم مدرن شد. در این مورد" یوهانس روخلین" یک دانشمند کلاسیک انسان گرا و یک کارشناس در باب رسوم و زبان های باستانی، در کتابش "د آرت گبالیستیکا"   چنین می نویسد: "معلم من و پدر فلسفه، فیثاغورث، آموزش های خودش را از کبالیست ها گرفته بود .او اولین فردی بود که کلمه کبالا را که برای معاصرانش ناشناخته بود، به کلمه یونانی "فلسفه" ترجمه کرد .کبالا به ما اجازه نمی دهد زندگی مان را در درون گرد و غبار ادامه دهیم، بلکه ذهن ما را تا بلندای دانش بالا می برد."

مسیر های دیگر

اما فیلسوف ها کبالیست نبودند چون آنها کبالا را مطالعه نمیکردند آنها نمی توانستند عمق دانش کبالا را به طور کامل بفهمند. در نتیجه، دانشی که می بایست به شیوه بسیار مشخصی گسترش داده شود، بطور نادرستی مدّ نظر قرار گرفته و گسترش داده شد. هنگامی که دانش کبالا به قسمت های دیگر جهان و جاهایی که هیچ کبالیستی در آن دوران وجود نداشت انتقال داده شد، آنگاه آن مسیر ها و جریان های مختلف دیگری را نیز تجربه کرد.

بنابراین بشریت باعث ایجاد یک مسیر انحرافی شد. اگرچه فلسفه غربی، قسمت های مختلفی از کبالا را در خود گنجانده است اما آن سرانجام یک مسیر کاملا متفاوت را اختیار کرد. فلسفه غربی، باعث پیدایش علومی شد که

درباره دنیای مادی ما تحقیق می کند. دنیایی که ما با حواس پنجگانه درک میکنیم. اما کبالا علمی است که آنچه در ماورای درک حواس ما هست را مطالعه می کند.این انحراف در جهت بشریت را به سمتی متضاد با سمتی راند که کبالیست ها از دانش اصلی کسب کرده بودند. این تغییر در جهت، بشریت را به سوی یک انحراف برد که نتایج و دنباله آن را در فصل بعد بررسی خواهیم کرد

سوالات بزرگ

کبالا، در حدود دو هزار سال قبل، به صورت مخفی در آمد. دلیل آن بسیار ساده بود. چون تقاضا یا خواستی برای آن وجود نداشت. از آن زمان، بشریت فکر خود را مشغول مذاهب توحیدی و بعد از آن علم کرده بود .هر دوی آنها دلیلی برای جواب دادن به بنیادی ترین سوالات بشر تبدیل شده اند. مثلا: جایگاه ما در این جهان کجاست؟ هدف از وجود و زندگی ما چیست؟ یا به عبارت دیگر چرا ما از مادر زاییده شده ایم؟

اما امروزه بیشتر از تمام زمان های گذشته بسیاری از مردم احساس میکنند که آنچه برای بیش از دوهزار سال کار کرده است دیگر جوابگوی نیازهایشان نیست. جواب هایی که از مذهب و علم به ما می رسند دیگر مردم را ارضا نمیکنند. این مردم به دنبال جای دیگری برای گرفتن جواب هایشان برای بنیادی ترین سوالات در مورد هدف از زندگی میگردند. آنها رو به آموزش های شرقی، طالع بین ها، جادو و عرفان کرده اند و بعضی از آنها به کبالا رو می کنند. چون کبالا برای جواب دادن به این سوالات بنیادی فرمول بندی شده

است. در نتیجه، جواب هایی که کبالا به ما میدهد مستقیما مرتبط با آنها هستند. با دوباره کشف کردن جواب های باستانی، در مورد معنای زندگی، ما اصطلاحا داریم شکاف ایجاد شده بین طبیعت و بشریت،که وقتی ما از کبالا به سوی فلسفه دور شدیم رخ داد را ترمیم می کنیم.

کبالا وارد می شود

کبالا، کارش را حدود ٥ هزار سال قبل در "مزوپتامیا" یک کشور باستانی در محل عراق کنونی، آغاز کرد. "مزوپتامیا "نه تنها محل تولد کبالا، بلکه خاستگاه آموزش های باستانی و عرفانی نیز بود. در آن روزها مردم به خیلی چیزهای گوناگون باور داشتند و اغلب در یک دوره زمانی بیش از یک آموزش را دنبال می کردند. ستاره شناسی، طالع بینی، علم اعداد، جادوگری، سحر، طلسم ها و چشم بد، همه اینها در "مزوپتامیآ "گسترش پیدا کرده و رونق یافتند. زیرا آن جا یک مرکز فرهنگی برای دنیای باستان بود.

تا زمانی که مردم با باورهایشان خوشحال بودند آنها هیچ نیازی برای تغییر احساس نمی کردند. مردم می خواستند بدانند زندگی شان امن است. آن ها سوالی در مورد سرمنشأ زندگی نداشتند، یا مهمتر، در مورد اینکه چه کسی یا چه چیزی قوانین زندگی را خلق کرده است. ابتدا این دو موضوع ممکن است فقط کمی متفاوت به نظر برسد اما درحقیقت تفاوت سوال کردن در مورد جریان زندگی و سوال کردن در مورد قوانینی که زندگی را شکل می دهند، همانند تفاوت یاد گرفتن رانندگی یک ماشین و یاد گرفتن ساختن یک ماشین است. یعنی آن مرحله ی کاملا متفاوتی از دانش است.

موتور تغییر

خواست ها، یکدفعه از ناکجا نمی آیند، بلکه آنها، بطور ناخودآگاه، در درون ما شکل میگیرند. و وقتی آنها به یک چیز قابل تعریف تبدیل می شوند، مثلا من یک پیتزا می خواهم، آنگاه رو می شوند. تا قبل از این مرحله، خواست ها یا حس نمی شوند یا اینکه در بهترین حالت مانند یک خارش یا بی قراری کلّی احساس می شوند. ما همه این حسّ یک چیزی را خواستن، ولی معلوم نبودن اینکه آن چیست را، احساس کرده ایم. این دقیقا همان خواستی است که هنوز نرسیده و خام است.

افلاطون در جایی گفته است که: "نیاز مادر اختراع است" و او درست میگفت. بطور مشابهی کبالا به ما یاد میدهد که تنها راهی که ما میتوانیم چیزی را یاد بگیریم این است که ابتدا آن را بخواهیم. این یک فرمول بسیار ساده است. وقتی ما یک چیزی را می خواهیم برای به دست آوردنش هر چه مورد نیاز باشد را انجام می دهیم. ما برایش وقت می گذاریم، انرژی جمع می کنیم و مهارت های شخصی مان را که برای آن نیاز است، گسترش می دهیم. نتیجه اینکه موتور تغییر، خواست است.

شیوه ای که خواست هایمان رشد می کنند، کل تاریخ بشریت را هم تعریف و هم طراحی می کنند. هنگامی که خواست های نوع بشر گسترش پیدا کردند، آنها مردم را مجبور کردند تا محیط اطرافشان را مطالعه کنند. زیرا از این طریق آن ها می توانستند آرزوهایشان را برآورده کنند. برخلاف مواد معدنی، گیاهان، و حیوانات، مردم بطور پیوسته رشد می کنند. در هر نسلی و برای هر شخصی، خواست ها رشد کرده و قوی تر و قوی تر می شود.

روی صندلی راننده نشستن

موتور تغییر، یعنی خواست، از پنج مرحله صفر تا چهار ساخته شده است. کبالیست ها، به این موتور با عنوان "خواست گرفتن لذت" یا ساده تر "خواست گرفتن" اشاره می کنند. هنگامی که کبالا در ابتدا ظاهر شد(حدود پنج هزار سال قبل) آن زمان، خواست گرفتن در مرحله صفر بود. امروزه همان طور که ممکن است خود شما حدس زده باشید ما در مرحله چهارم یا شدیدترین مرحله هستیم.

در آن روزهای اولیه، وقتی که خواست گرفتن در مرحله صفر بود خواست ها به اندازه کافی قوی نبودند تا ما را از طبیعت و یکدیگر جدا کنند. در آن روزها، این یگانگی با طبیعت (که امروزه بسیاری از ما پول بسیار خوبی برای آن پرداخت می کنیم تا در کلاس های مدیتیشن آن را دوباره یاد بگیریم و اگر رو راست باشیم همواره هم موفقیت آمیز نیست) روش طبیعی زندگی کردن بود. مردم، هیچ راه دیگری بلد نبودند. آنها حتی نه می دانستند که میتوانند از طبیعت جدا شوند و نه می خواستند که جدا شوند.

در حقیقت، در آن روزها مکالمه و ارتباط بشریت با یکدیگر و با طبیعت به صورت چنان یکپارچه ای جریان داشت که حتی به کلمات نیازی نبود. درعوض، مردم از طریق اندیشه هایشان با یکدیگر ارتباط برقرار می کردند خیلی شبیه به تله پاتی. آن، یک دوره یگانگی و باهم بودن بود و کل بشریت همانند یک ملت واحد بود.

اما پس از مدتی، در همین "مزوپتامیا" یک تغییر رخ داد و خواست های مردم شروع به رشد کردن کرد و آنها هر چه بیشتر خودپرست شدند. مردم شروع کردند به تغییر دادن طبیعت و استفاده از آن برای خودشان. به جای

منطبق کردن خودشان با طبیعت، آنها شروع کردند به تغییر دادن طبیعت، تا آن را برای نیازهای خودشان متناسب کنند. آنها در نتیجه در جهت جدا شدن از یکدیگر و طبیعت و بیگانه شدن از آن رشد کردند. امروزه پس از قرن ها و قرن ها ما کشف میکنیم که این یک ایده خوب نبوده است یا به سادگی، این ایده کار نمی کند.به طور طبیعی، هنگامی که مردم شروع کردند به مخالفت با محیط و جامعه شان، آنگاه دیگر با اطرافیانشان همانند خویشاوند و با طبیعت همانند خانه شان رفتار نمی کردند. تنفر، جایگزین عشق شد و مردم از یکدیگر جدا شده و از هم دور شدند.

در نتیجه، تک ملت دنیای باستان تقسیم شد. آنها ابتدا به دو گروه تجزیه شدند که یکی به سوی غرب رفت و دیگری به سوی شرق رانده شد. این دو گروه به جدا شدن و تجزیه شدن ادامه دادند و سرانجام ملت های چندگانه ای را که امروزه داریم تشکیل دادند.

یکی از آشکارترین نشانه های این تجزیه شدن، به وجود آمدن زبان های مختلف بود که کتاب مقدس از آن با عنوان "سقوط برج بابل" یاد می کند. این زبان های مختلف، ارتباط مردم را با یکدیگر قطع کرده و باعث ایجاد سردرگمی شدند. کلمه عبری برای سردرگمی، "بیلبول" است و به تناسب این سردرگمی پایتخت "مزوپتامیا "بابل یا بابیلون نامیده شد.

از زمان آن جدایی یعنی هنگامی که خواست های ما از مرحله صفر به یک، رشد کردند ما با طبیعت رو در رو شده ایم. به جای اصلاح خودپرستی مدام در حال رشد خودمان و باقی ماندن به صورت یگانه با طبیعت که همان خالق است هستیم. ما یک محافظ مکانیکی و تکنولوژیکی برای حفاظت از خودمان در برابر آن ساخته ایم. دلیل اول ما برای توسعه علم و تکنولوژی، ایمن کردن و محافظت کردن از خودمان در برابر عناصر طبیعت بود. در نتیجه، خواه

ما از آن آگاه باشیم یا نه، ما تلاش میکنیم تا خالق را کنترل کنیم، و یا به عبارتی جای راننده را بر روی صندلی اش اشغال کنیم.

در زمانی که همه این بیلبول (سردرگمی) در حال رخ دادن بود، ابراهیم در بابل زندگی می کرد، و به پدرش در ساختن بت های کوچک و فروختن آنها در مغازه خانوادگی کمک می کرد. سخت نیست که ببینیم، ابراهیم درست در مرکز همه ی این از هم سردرگمی ایده های پر جنب و جوش بود که در بابل رونق گرفته بودند و همانند نیویورک دنیای باستان بود. این سردرگمی، همچنین سوال ماندگار ابراهیم را نیز توضیح می دهد که یافتن جواب آن، منجر به کشف قانون طبیعت شد: "چه کسی صاحب پایتخت است؟" وقتی او تشخیص داد که هدفی در پشت این سردرگمی و بیگانگی وجود دارد، آنگاه او سریعا، شروع کرد به آموزش آن به هر کسی که می خواست به آن گوش دهد.

پنهان کردن، به دنبالش گشتن، اما پیدا نکردن

سطح خودپرستی، در بشریت، به طور پیوسته رشد کرده است و هر مرحله، ما را به دورتر از طبیعت، یا همان خالق، می راند. در کبالا، فاصله با متر یا سانتی متر اندازه گرفته نمی شود بلکه بر اساس کیفیت ها اندازه گرفته می شود. کیفیت خالق، کامل بودن، متصل بودن و بخشیدن است و تنها زمانی امکان دارد بتوانیم او را احساس کنیم که ما دارای کیفیت های مشابهی باشیم. اگر من، شخصی خودخواه و خودمحور باشم هیچ راهی وجود ندارد تا بتوانم به چیزی کامل و نوعدوست همانند خالق تبدیل شوم. این، همانند تلاش برای دیدن شخصی خواهد بود که پشت به پشت هم ایستاده ایم.

چون ما، به صورت پشت به پشت خالق ایستاده ایم و هنوز میخواهیم او را کنترل کنیم، آشکارا، هرچه بیشتر تلاش کنیم بیشتر ناامید می شویم. یقینا،

چیزی را که نمی توانیم ببینیم و احساس کنیم، نمی توانیم کنترل کنیم. این خواست، هرگز نمی تواند پر شود مگر اینکه ما یک دورِ یو (U) شکل بزنیم و به جهت مخالف نگاه کنیم و او را پیدا کنیم.

بسیاری از مردم قبل از این درباره غول های شکسته شده مانند تکنولوژی ، ثروت ، سلامتی و مهمتر از اینها، فرداهای امن تر ناامید شده اند. تعداد بسیار کمی از مردم، امروزه به همه اینها دست پیدا کرده اند. و حتی اینان نیز نمی توانند مطمئن باشند که اینها را فردا هم داشته باشند. اما فایده این حالت این است که ما را مجبور می کند تا جهت گیری خود را مجدد بررسی کنیم و از خود بپرسیم: " آیا ممکن است که ما در تمام این مسیر، در جهت نادرستی قدم برداشته باشیم؟ " .

به ویژه امروزه، ما وجود بحران ها را می پذیریم و کوچه بن بستی که با آن روبرو شدیم را میبینیم. پس ما می توانیم آشکارا اعتراف کنیم که ما یک خیابان بن بست را انتخاب کرده بودیم. برای جبران تضاد خودمحورانه خود بین انتخاب طبیعت، با انتخاب تکنولوژی، ما میبایست خودپرستی خود را به نوعدوستی تغییر دهیم و در نتیجه با طبیعت یکی شویم.

در کبالا، عبارتی که برای این تغییر به کار میرود کلمه تیکون (اصلاح) است.

تشخیص تضاد ما با خالق، یعنی ما بایستی تایید کنیم که در بین ما، موجودات انسانی، در حدود پنج هزار سال قبل یک جدایی رخ داده است، که این همان تشخیص "شر" نامیده می شود و هر چند آسان نیست اما خودش اولین قدم به سوی سلامتی حقیقی و خوشحالی است.

بحران های جهانی، پایان خوشی دارند

در طول پنج هزار سال گذشته، هر یک، از دو تکه ای که در "مزوپتامیآ" از هم جدا شدند به صورت تمدنی شامل تعداد بسیار زیادی از مردمان مختلف رشد کردند. از آن دو گروه اولیه، یکی همان شد که ما اکنون به آن به عنوان "تمدن غربی" اشاره می کنیم و دیگری آن چیزی شد که ما با عنوان "تمدن شرقی" می شناسیم.

برخورد های بدتر شونده ای که بین این دو تمدن رخ می دهند، بازتاب دهنده، اوج پروسه ای هستند که با اولین تجزیه شروع شد. پنج هزار سال قبل، یک تک ملت، به علت رشد خودپرستی و جدا شدن اعضایش تجزیه شد. اکنون زمان آن است که این ملت یا همان بشریت، دوباره یگانه شود و دوباره تبدیل به یک تک ملت بشود. ما هنوز در آن نقطه شکننده هستیم که در تمام آن سال ها وجود داشته است، اما ما امروزه خیلی بیشتر از قبل آگاه هستیم.

براساس دانش کبالا، این برخوردهای فرهنگی و دوباره ظاهر شدن باورهای عرفانی که در "مزوپتامیآی" باستانی رها شده بودند، نشانه هایی از دوباره به هم پیوستن بشریت، به صورت یک تمدن یگانه هستند. امروز، ما تشخیص می دهیم که همه به یکدیگر متصل هستیم و اینکه حالتی را که قبل از تکه تکه شدن وجود داشت را باید بازسازی کنیم. با بازسازی یک بشریت واحد، ما اتصال خودمان به طبیعت و همچنین به خالق را بازسازی می کنیم.

خودپرستی یک وضعیت بدون برد است

دانش کبالا، در طول زمانی که عرفان رونق گرفته بود، کشف شد، این دانش در مورد رشد مرحله به مرحله خودپرستی ما و آنچه باعث آن می شود آگاهی

می داد. کبالیست ها این عقیده را آموزش دادند که هر چیزی که وجود دارد از یک "خواست برای ارضای خود" ساخته شده است.

با این وجود، این خواست ها وقتی که خودگرا و خودمحور هستند نمیتوانند به شکل طبیعی خودشان ارضا بشوند. دلیلش اینست هنگامیکه ما یک خواست را ارضا میکنیم، آن را نابود میکنیم و اگر خواستی برای چیزی نابود شود دیگر نخواهیم توانست از آن لذت ببریم.

برای مثال به غذای مورد علاقه تان فکر کنید، اکنون خود را در یک رستوران باشکوه تصور کنید که خیلی راحت پشت میز نشسته اید و خدمتکار یک بشقاب سربسته را برایتان می آورد و با یک لبخند آن را در مقابل شما قرار می دهد و سپس در آن را بر می دارد. اوووم، یک بوی خوش آشنا! آیا شما با تصور قرار گرفتن در این موقعیت هم لذت می برید؟ بله! بدن شما لذت می برد، به همین دلیل است که معده شما به صرف وجود تصور آن بشقاب، شیره های گوارشی را ترشح می کند.

اما لحظه ای که شما شروع به خوردن می کنید لذت کاهش می یابد و هرچه پرتر می شوید لذت کمتری از خوردن می برید، تا آنجا که کاملا پر می شوید و از خوردن دست می کشید چون نمی توانید از غذا لذت ببرید. شما به این دلیل که پر شده اید از خوردن باز نمی ایستید بلکه به این علت که خوردن بیشتر، لذتی به شما نمی دهد و دیگر برای شما جالب نیست دست از غذا خوردن می کشید. این همان بیماری خودپرستی است. اگر شما آنچه را که میخواهید داشته باشید دیگر آن را نمی خواهید.

بنابراین، چون ما نمی توانیم بدون لذت زندگی کنیم پس بدنبال لذت های بزرگتر و تازه تر می رویم. ما این کار را با گسترش خواست هایمان و پیدا کردن خواست های تازه انجام می دهیم که خودشان به صورت پر نشده ای هستند.

این یک چرخه مشکل دار است و آشکارا هرچه بیشتر بخواهیم بیشتر احساس خالی بودن می کنیم و هرچه بیشتر احساس خالی بودن کنیم، ناامید تر می شویم.

ما اکنون در شدیدترین مرحله از خواست در طول تاریخ هستیم به همین دلیل نمی توانیم از این نتیجه که ما بیشتر از همه ارضا نشده هستیم اجتناب کنیم. گرچه، ما اکنون بسیار بیشتر از آنچه پدران و پدربزرگ هایمان داشته اند داریم اما تضاد مابین آنچه داریم و رشد ارضاء نشدنمان، بنیان و اساس بحرانی است که امروزه تجربه میکنیم. هرچه خودپرست تر می شویم احساس خالی بودن بیشتری می کنیم و بحران ها بدتر می شود.

نیاز به نوع دوستی

در اصل، همه مردم در درون متصل بودند. ما، در مورد خودمان به صورت یک تک موجود بشری می اندیشیدیم و احساس می کردیم. این، دقیقا همانطوری است که طبیعت با ما رفتار می کند. این موجود بشری اشتراکی "آدم" نامیده می شود که از کلمه عبری "دومه" به معنای شبیه می آید و منظور، همان "شبیه به خالق" است که خود یگانه و کامل است. با این وجود، برخلاف یکی بودن اولیه ما، هنگامی که خودپرستی ما رشد کرد، ما به تدریج احساس یکی و یگانه بودن را از دست دادیم و به طور فزاینده ای از یکدیگر دورتر و دورتر شدیم.

کتاب های کبالا می نویسد که طرح طبیعت برای ما این است که خودپرستی ما به طور پیوسته رشد می کند تا جایی که ما تشخیص می دهیم که از یکدیگر جدا و متنفر شده ایم. منطق پشت این طرح اینست که ما باید احساس یک تک وجود بودن را تجربه کنیم و سپس به صورت افراد خودپرست از یکدیگر

جدا شویم. تنها در آن هنگام، ما تشخیص می دهیم که کاملا با خالق متضاد هستیم و مطلقا خودپرست هستیم.

به علاوه، این تنها راهی است که می توانیم تشخیص دهیم که خودپرستی ما رفتاری منفی، ارضاء نکننده و در نهایت غیر قابل درمان است. همانطور که گفتیم خودپرستی، ما را از یکدیگر و طبیعت جدا میکند، اما برای تغییر آن ابتدا می بایست تشخیص دهیم و بپذیریم که این مسئله وجود دارد. زیرا این تشخیص باعث می شود تا ما خواهان تغییر باشیم و اینکه بطور مستقل راهی را پیدا کنیم تا خود را دوباره به نوعدوست هایی که به کلّ بشریت و طبیعت (خالق) متصل شده اند تبدیل کنیم. همانطور که از قبل گفتیم ؛ خواست، موتور تغییر است.

کبالیست یهودا اشلاگ می نویسد که: ورود نور بالاتر، به درون خواست و خروجش از آن، یک ظرف را برای کار خودش یعنی نوعدوستی، آماده می کند. به عبارتی دیگر اگر ما بخواهیم که یگانگی با خالق را حس کنیم، ما بایستی ابتدا با او یکی شده باشیم، و سپس، نبود این یگانگی را تجربه کنیم. با تجربه هر دوی این حالت ها، ما خواهیم توانست که یک انتخاب آگاهانه انجام دهیم، و آگاهی، لازمه یگانگی حقیقی است.
ما می توانیم این پروسه را با رشد انسان مقایسه کنیم ، انسان در شروع زندگی خود به عنوان یک نوزاد با والدینش احساس پیوند می کند در نوجوانی عصیان می کند، و در نهایت، هنگامی که تبدیل به یک انسان بالغ می شود، نحوه پرورش خودش را فهمیده و توجیه می کند.

در حقیقت نوعدوستی یک انتخاب نیست و این تنها اینطور به نظر می رسد که ما توانایی انتخاب داریم که آیا خودپرست باشیم یا نوعدوست. اما با امتحان کردن طبیعت پی می بریم که نوعدوستی، بنیادی ترین قانون طبیعت است. برای مثال، هر تک سلول از بدن، بطور ذاتی خودپرست است اما یک سلول

برای بقا خود می بایست گرایش خودپرستی خود را برای رفاه کل بدن ترک کند. پاداش این کار برای این سلول آنست که نه تنها وجود داشتن خودش را، بلکه زندگی کل بدن را تجربه می کند.

ما انسانها نیز باید رابطه و اتصالی مشابه را در بین یکدیگر بوجود آوریم، سپس هر چه ما در این پیوند موفق تر باشیم، بیشتر این تجربه وجود ابدی آدم را به جای وجود فیزیکی خود احساس خواهیم کرد.

به خصوص امروزه نوعدوستی برای بقا ما ضروری و اساسی شده است. این آشکار و روشن شده است که همه ما به یکدیگر متصل هستیم و به یکدیگر بستگی داریم. این وابستگی، یک تعریف جدید و خیلی دقیق از نوعدوستی را به وجود می آورد. هر عملی یا نیتی که از نیاز به اتصال بشریت به یک وجود یگانه بیاید و سرچشمه بگیرد آن یک عمل نوع دوستانه در نظر گرفته می شود. و به طور عکس، هر عملی یا نیتی که بر روی یگانه کردن بشریت متمرکز نشده باشد عملی خودپرستانه است.

نتیجه اینکه، تضاد ما انسان ها با طبیعت، منشا تمام رنج هایی است که ما در این دنیا می بینیم. هرچیز دیگری در طبیعت مثلا مواد معدنی، گیاهان و یا حیوان ها قانون نوعدوستانه طبیعت را به طور ذاتی دنبال می کنند. فقط رفتار انسانها در تضاد با طبیعت و خالق است.

به علاوه، رنج هایی که ما در اطرافمان می بینیم تنها باعث رنجش ما نیست بلکه تمام قسمت های دیگر طبیعت نیز از اعمال نادرست ما رنج می برند. اگر هر قسمتی از طبیعت، به طور ذاتی، از این قانون پیروی کند و تنها بشر این کار را نکند آنگاه بشر، تنها عنصر فاسد در طبیعت خواهد بود و به طور ساده تر، وقتی ما خود را از خودپرستی به سوی نوعدوستی اصلاح کنیم، هر چیز دیگری نیز، چه آب و هوا، چه قحطی، چه جنگ، و چه کل جامعه اصلاح

خواهد شد.

درک پیشرفته

یک پاداش ویژه برای نوع دوستی وجود دارد. به نظر می رسد که تنها نتیجه نوعدوستی قرار دادن دیگران جلوی خودمان خواهد بود، اما، در واقع منفعت های بسیار زیادی در آن وجود دارد. هنگامیکه ما شروع به فکر کردن در مورد دیگران می کنیم ما با آنها یکپارچه و ادغام می شویم و همینطور آنها نیز با ما در وحدت و هماهنگی قرار می گیرند.

به آن اینگونه فکر کنید: امروز، بیش از هفت میلیارد نفر در دنیا وجود دارند. چه میشد اگر به جای داشتن دو پا، دو دست و یک مغز، شما چهارده میلیارد دست، چهارده میلیارد پا، و هفت میلیارد مغز، برای کنترل پاها و دستهایتان داشتید. آیا این گیج کننده به نظر میرسد؟ خیر، واقعا اینگونه نیست، چون تمام آن مغزها، به صورت یک تک مغز و دست ها به صورت یک جفت دست عمل می کردند. آنگاه تمام بشریت به صورت یک بدن واحد کار میکرد، بدنی که قابلیت ها و توانایی هایش، هفت میلیارد بار، بیشتر و پیشرفته تر شده است.

صبر کنید؛ هنوز پاداش ها تمام نشده اند! تبدیل شدن به یک فوق بشر، پاداش دیگری است که هر کسی که نوعدوست میشود می تواند این لذت بخش ترین هدیه را نیز بدست آورد که آن همان علم بی پایان و به یاد آوردن کامل و دانش کل است. چون بدست آوردن نوع دوستی، ما را با طبیعت برابر و مساوی میکند، و ما شروع به اندیشیدن ، همانند او میکنیم. و شروع به شناختن تمام چیزهایی که اتفاق می افتند می کنیم و اینکه چرا این اتفاقات، وقتی که باید، میافتد و برای اینکه آنها به طور مرتب اتفاق بیفتد ما بایستی چه کنیم؟

در کبالا این حالت "برابری در فرم" نامیده می شود و این هدف خلقت است. این حالت از درک پیشرفته، یا حالت برابری در فرم، دلیل خلقت ما در جایگاه اول است. به همین دلیل، ما به صورت یگانه خلق شده ایم و سپس تکه تکه شده ایم زیرا تنها در این صورت، میتوانیم دوباره یگانه شویم. در فرایند یگانه شدن یاد میگیریم که چرا او (طبیعت) آنچه را که انجام میدهد، انجام میدهد و همچنین به اندازه همان اندیشه ای که ما را خلق کرده است باهوش میشویم. هنگامی که ما با طبیعت یگانه می شویم به همان اندازه که طبیعت کامل است ما نیز احساس ابدی بودن و کامل بودن میکنیم. در این حالت، حتی هنگامی که بدن هایمان می میرند ما احساس خواهیم کرد که همچنان وجود داریم و در طبیعت به زندگی ابدی ادامه خواهیم داد. زندگی فیزیکی و مرگ، دیگر تاثیری بر ما نخواهد داشت، چون درک خودمحور قبلی ما با یک درک نوعدوستانه جایگزین شده است و زندگی ما به زندگی کل طبیعت تبدیل شده است.

زمان آن، اکنون است

کتاب زوهر، که به نوعی کتاب مقدس کبالا است و تقریبا در حدود ۲ هزار سال قبل نوشته شده است، بیان میکند که در انتهای قرن بیستم، خودپرستی بشر، به شدت بی سابقه ای می رسد.

همانطور که قبلا دیده ایم، هرچه لذت بیشتری بخواهیم، بیشتر احساس تهی بودن میکنیم. بنابراین از زمان انتهای قرن بیستم به بعد، بشریت در حال تجربه کردن بدترین حالت تهی بودن خودش در طول تاریخ است. کتاب زوهر، همچنین می نویسد هنگامی که این تهی بودن احساس بشود، بشریت، به وسیله ای برای درمان آن نیاز خواهد داشت تا اینکه به مردم کمک کند که

چگونه پر و ارضاء شوند. سپس، همانطور که زوهر می گوید زمان آن خواهد رسید تا کبالا به عنوان وسیله ای برای به دست آوردن رضایت حقیقی، همانا از طریق شبیه شدن به طبیعت یا همان برابری در فرم به تمام بشریت ارائه بشود.

فرآیند دستیابی به تکامل یا اصلاح (تیکون) به طور یکدفعه اتفاق نمی افتد و همچنین برای تمامی اشخاص هم زمان پیش نمی آید. برای رخ دادن یک تیکون، شخص باید بخواهد که آن برایش اتفاق بیفتد. یعنی این پروسه ایست که به واسطه خواست خود شخص، رخ می دهد و رشد می کند.

اصلاح، زمانی آغاز میشود که شخص تشخیص دهد، طبیعت خودپرستانه خود شخص، منشا و سرچشمه هر آنچه که شر نامیده می شود، است. این یک تجربه خیلی شخصی و بسیار قدرتمند است و این تجربه، بدون استثنا، شخص را به خواست تغییر می رساند تا از خودپرستی به سوی نوعدوستی حرکت کند.

همانطور که قبلا گفتیم، خالق، با همه ما، به عنوان یک موجود یگانه و متحد رفتار میکند. ما تلاش کرده ایم که به طور خودپرستانه به هدف هایمان دست پیدا کنیم. اما امروزه کشف می کنیم که مشکلاتمان تنها به صورت جمعی و نوعدوستانه حل خواهند شد. هرچه بیشتر از خودپرستی مان آگاه شویم، بیشتر تمایل پیدا می کنیم تا از روش کبالا برای تغییر طبیعتمان به از خودپرستی به نوع دوستی استفاده کنیم. ما این کار را، هنگامی که کبالا برای اولین بار ظاهر شد، انجام ندادیم اما می توانیم اکنون این کار را بکنیم زیرا اکنون می دانیم که به آن احتیاج داریم.

تحول بشر در پنج هزار سال گذشته، فرآیند امتحان کردن یک روش بوده است. در طول این مدت لذت هایی که آن روش ها به ما میداد را تجربه کرده

ایم و از آن سرخورده شده ایم و این یکی لذت را برای دیگری ترک کرده ایم. روش ها آمدند و رفتند اما خوشحالی مان بیشتر رشد نکرد.
اکنون که روش کبالا ظاهر شده است و هدفش، اصلاح بالاترین مرحله از خودپرستی است ما دیگر نیازی نداریم که در مسیر سرخوردگی قدم برداریم. بلکه، به سادگی می توانیم بدترین خودپرستی هایمان را از طریق کبالا اصلاح کنیم و همه اصلاح های دیگر، همانند یک اثر دومینو به دنبال آن خواهند آمد. بنابراین در طول این اصلاح، ما می توانیم رضایتمندی، تکامل و اشتیاق را احساس کنیم.

در پوست گردو

دانش کبالا، یا دانش دریافت کردن، ابتدا حدود پنج هزار سال قبل ظاهر شد، هنگامیکه بشر شروع به سوال کردن در مورد هدف از وجود خودش کرد. آنهایی که این را میدانستند "کبالیست ها" نامیده شدند آنها جواب این سوال را که« هدف از زندگی چیست» را داشتند، همچنین، از نقش بشریت در جهان آگاه بودند.
اما در آن روزها، خواست های بیشتر مردم خیلی کوچک بود تا دنبال این دانش باشند. هنگامی که کبالیست ها دیدند که بشریت نیازی به این دانش ندارد آنها آن را پنهان کردند و به طور پنهانی آن را برای زمانی مهیا کردند که همه مردم برای آن آماده باشند. در طول این زمان، بشریت کانال های دیگری همچون مذهب و علم را مورد بهره برداری قرار داد.
امروزه، شمار بیشتری از مردم متقاعد شده اند که مذهب و علم جواب هایی را برای عمیق ترین سوالات زندگی فراهم نمی کنند، آنها شروع کرده اند تا

جای دیگری به دنبال جواب هایشان بگردند. این شرایط و اکنون، همان زمانی است که کبالا منتظرش بود و به همین دلیل است که آن دوباره ظاهر میشود تا جواب «هدف وجود داشتن» را فراهم کند.
کبالا، به ما میگوید که باید طبیعت، که مترادف و هم معنی با خالق، کامل، نوعدوستانه، و یگانه است را بفهمیم و همچنین این روش از وجود داشتن را در درون خودمان به کار ببندیم.
کبالا همچنین به ما میگوید که با انجام آن، نه تنها خودمان را با طبیعت برابر میکنیم بلکه اندیشه ای که در پشت
طبیعت قرار دارد یعنی همان "طرح جامع" را نیز میفهمیم. سرانجام، کبالا بیان میکند که با فهمیدن طرح جامع، ما با طراح طرح جامع برابر خواهیم شد و اینکه این طرح همان هدف خلقت است تا اینکه ما با خالق یکی شویم.

فصل ۲ - بزرگترین آرزوی همه

اکنون که ما با اصل و سر منشاء کبالا، آشنا شده ایم وقت آن رسیده که ببینیم چگونه کبالا به ما ربط پیدا می کند.
همانطور که ممکن است از قبل بدانید مطالعه کبالا ما را با عبارت های خارجی بسیاری آشنا می کند که بیشتر آنها از زبان عبری می آیند و تعدادی از زبان آرامی و تعدادی از زبان های دیگری همچون یونانی. حتی دانش آموزان پیشرفته با تعداد کمی از این عبارات میتوانند به خوبی کار کرده و پیشرفت کنند. آنها بیانگر حالت های روحانی هستند و اگر شما آنها را در درون خودتان تجربه کنید نامهای صحیح آنها را نیز کشف خواهید کرد.
کبالا در مورد خواست ها، و اینکه چگونه آنها را پر و ارضا کنیم صحبت

میکند. او همچنین در مورد روح انسان و رشد آن از حالت آغاز فروتنانه خود به عنوان یک ذره روحانی تا اوج آن به صورت درخت زندگی، تحقیق و جستجو می کند. هنگامیکه شما اصل مطلب را درک کنید آنگاه بقیه آن را در درون قلبتان یاد خواهید گرفت.

تخته پرشی برای رشد

اجازه دهید از جاییکه فصل اول را تمام کردیم شروع کنیم. ما گفتیم که چیزها می توانستند عالی باشند، اگر، ما تنها یاد میگرفتیم که از خودپرستی هایمان به طور متفاوتی استفاده کنیم، یعنی، با دیگران پیوند ایجاد کنیم تا یک تک موجود روحانی را شکل دهیم. ما حتی یاد گرفتیم که وسیله و روشی برای آن وجود دارد به نام روش کبالا، که تنها برای این هدف به وجود آمده است. اما اگر به اطرافمان نگاه کنیم، به روشنی می بینیم که به سوی آینده مثبتی در حال حرکت نیستیم. ما در یک بحران هستیم در یک بحران بزرگ. حتی اگر از آن آسیب هم ندیده باشیم، هیچ تضمینی وجود ندارد که در آینده از آن آسیب نبینیم. به نظر میرسد که هیچ بخشی نباشد که بحران، اثر خودش را بر روی آن نگذاشته باشد، خواه در زندگی شخصی ما، یا جوامعی که در آن زندگی میکنیم و یا در طبیعت.

بحران ها، به خودی خودشان منفی نیستند. آنها به سادگی اشاره میکنند که حالت های کنونی ما، تهی و از پای درآمده هستند و زمان آن رسیده که به سوی فاز بعدی حرکت کنیم. دموکراسی، انقلاب صنعتی، آزادی و برابری زنان، فیزیک کوآنتوم، و همه اینها، در نتیجه بحران های بوجود آمده در حوزه خودشان ظاهر شده اند. در حقیقت، هر چیزی که امروزه وجود دارد،

نتیجه بحران های پشت سرمان می باشد.

بحران های امروزی، اساسا، متفاوت از آنهایی که از قبل بودند نیستند. با این وجود، بسیار شدیدتر از آنها هستند و کل دنیا را تحت تاثیر قرار می دهند. اما همانند هر بحرانی، این یک شانس و موقعیت برای تغییر کردن، یا یک تخته پرش برای رشد است . اگر ما، به درستی انتخاب کنیم، تمام سختی ها می توانند محو شوند، ما به آسانی می توانستیم که غذا، آب و سرپناه برای کل جهان فراهم کنیم. ما می توانستیم که صلح جهانی را برقرار کنیم و این سیاره را به مکانی پر رونق و پویا تبدیل کنیم. اما برای اینکه این اتفاق بیفتد اول باید بخواهیم که این کار را بکنیم و آنچه را که طبیعت میخواهد انتخاب کنیم، یعنی یگانگی . و یگانگی را به جای انتخاب کنونی مان که جدایی‌ست ، برگزینیم.

پس چرا ما نمی خواهیم که با یکدیگر متصل شویم؟
چرا یکدیگر را از خود بیزار میکنیم؟ هرچه بیشتر پیشرفت می کنیم و دانش بیشتری کسب می کنیم، بیشتر ناراضی می شویم. ما یاد گرفته ایم که چگونه فضاپیما بسازیم، چگونه ربات هایی در اندازه مولکول بسازیم، ما کل ژنوم بشریت را کشف رمز کرده ایم. پس چرا یاد نگرفته ایم که چطور خوشحال باشیم؟

هرچه بیشتر در مورد کبالا یاد بگیریم، بیشتر در می یابیم که آن، ما را به سمت و سوی ریشه راهنمایی میکند. قبل از آنکه آن، هیچ جوابی به ما بدهد به ما میگوید که چرا در حالت کنونی هستیم و وقتی که ما ریشه وضعیت خودمان را بشناسیم آنگاه به ندرت به راهنمایی بیشتری نیاز پیدا خواهیم کرد. با این توضیح، اجازه دهید ببینیم که تا امروز در حال یادگیری چه چیزی بوده ایم و چرا تا به حال در کشف کلید خوشحالی خود ناکام بوده ایم.

پشت درهای بسته

"بشر اگر به طور ناقص و بیمارگونه آموزش داده شود، وحشی ترین مخلوق روی زمین خواهد بود"

«قانون افلاطون»

دانش، همواره به صورت یک دارایی و چیز با ارزش در نظر گرفته شده است. جاسوسی، یک اختراع دوران مدرن نیست بلکه آن، از زمان سپیده دم تاریخ وجود داشته است. اما آن به این دلیل وجود داشته است که دانش، همواره بر اساس نیاز به دانستن، افشا می شده است. تنها درگیری بر سر این بوده است که چه کسی نیاز به دانستن آن را دارد.

در گذشته، افراد با دانش، "حکیمان یا فرزانگان" گفته میشدند و دانشی که آنها دارا بودند، رازهای طبیعت، بود. حکیمان، دانش خود را پنهان میکردند چون نگران بودند که مبادا آن، به دست افرادی بیافتد که افرادی نالایق در نظر می گرفتند.

اما چگونه تعیین میکنیم که چه کسی حق دانستن دارد؟ آیا، این حقیقت که، من، یک قسمت و یا تکه منحصر به فرد اطلاعات را در اختیار دارم به من، این حق را میدهد که آن را پنهان کنم؟ به طور طبیعی، هیچ شخصی، موافقت نمی کند که این شایستگی را ندارد. بنابراین تلاش میکنیم تا هر نوع اطلاعاتی را که میخواهیم "بدزدیم"، حتی آنهایی که آزادانه در دسترس نیستند.

اما، این، همیشه اتفاق نمی افتد. خیلی سال پیش، قبل از آن که خودپرستی به بالاترین حد خود برسد مردم منفعت عمومی را، بالاتر از منفعت شخصی

خودشان، در نظر میگرفتند و احساس اتصال با کل طبیعت و با کل بشریت، و نه فقط با خودشان، می کردند. برای آنها، این روش طبیعی بودن، بود.
اما امروز، ملاحظات ما، بطور قابل توجهی تغییر کرده اند و ما امروز، باور داریم که حق داریم هر چیزی را بدانیم و هرکاری را بکنیم. این چیزیست که سطح خودپرستی ما، بطور خود به خود به ما تحمیل میکند.
در حقیقت، حتی قبل از اینکه بشریت، به سطح چهارم خواست برسد محققان، شروع به فروش تحقیقات خود در جهت منافع مادی، مانند پول، مقام و قدرت کردند. هنگامی که هوس های مادی رشد کرد، مردم دیگر نمی توانستند که از روش میانه و معتدل از زندگی پیروی کنند و همه تلاششان به تحقیق در طبیعت معطوف شود.

در عوض، این مردم باهوش، شروع کردند به استفاده از دانش خود برای کسب لذت مادی. امروزه با پیشرفت تکنولوژی و وجود سطح بالاتری از خودپرستی، سوءاستفاده از دانش، به چیزی نرمال و یک هنجار تبدیل شده است. اما هر چه تکنولوژی بیشتر پیشرفت میکند ما برای خودمان خطرناک تر میشویم و همچنین برای محیط خودمان. هنگامی که ما قدرتمندتر شدیم، بیشتر هوس کردیم تا از قدرتمان برای بدست آوردن آنچه که میخواهیم استفاده کنیم.

همانطور که قبلا گفتیم، خواست گرفتن، از چهار مرحله تشکیل شده است. هرچه آن قدرتمندتر شود ویژگی های اخلاقی و اجتماعی ما بیشتر سقوط میکند. بنابراین جای تعجب نیست که ما در بحران هستیم. همچنین، بسیار روشن است که چرا فرزانگان، دانش خودشان را پنهان میکردند و اینکه چرا خودپرستی رشد کننده خود آنها، اکنون خود آنها را هم، مجبور به افشا کردن

آن میکند.
بدون تغییر خودمان، دانش و پیشرفت، کمکی به ما نخواهد کرد. آنها تنها آسیبی بیشتر از آنچه قبلا ایجاد کردند بوجود می آورند. بنابراین، ساده لوحانه است انتظار داشته باشیم که پیشرفت علمی، قول خودش درباره ساختن یک زندگی خوب برای ما را، برآورده کند. اگر ما، آینده روشن تری می خواهیم تنها لازم است که خودمان را تغییر دهیم.

تحول خواست ها

بیان اینکه طبیعت بشری خودپرست است احتمالا هیچ سرفصلی را آغاز نمیکند. چون ما به طور طبیعی خودپرست هستیم همه ما بدون استثناء تمایل داریم تا از آنچه که می دانیم سوءاستفاده کنیم. این نیاز به این معنا نیست که ما از دانشمان استفاده میکنیم تا مرتکب یک جرم شویم. بلکه آن میتواند خودش را در چیزهای بسیار کوچک یا ظاهرا چیزهای کم ارزش نشان دهد. همانند ارتقا یافتن در محل کار در حالی که شایستگی آن را نداریم یا دور کردن بهترین دوستمان از کسی یا چیزی که عاشق آن است.

خبر واقعی در مورد خودپرستی این نیست که طبیعت انسانی خودپرست است بلکه اینست که من، یک خودپرست هستم!

اولین باری که ما با خودپرستی مان روبرو می شویم آن یک تجربه کاملا جدی و هوشیار کننده است و مانند هر چیز جدی آن یک سردرد بزرگ است.

یک دلیل خوب وجود دارد که چرا خواست گرفتن ما به طور پیوسته رشد می کند .که این را بعدا به طور کامل توضیح خواهیم داد. اما اکنون اجازه دهید

تا بر این موضوع تمرکز کنیم که چطور از طریق این تحول دانش کسب می کنیم.

هنگامیکه یک خواست جدید پدیدار میشود آن نیازهای جدیدتری هم بوجود می آورد و هنگامی که ما به دنبال راه هایی برای ارضاء این نیازهای جدید میگردیم ذهنمان را گسترش داده و بهتر میکنیم. به عبارتی دیگر، این رشد خواست گرفتن لذت است که باعث بوجود آمدن تحول و رشد در ما میشود. نگاهی به تاریخ بشر از دیدگاه تحول و رشد خواست ها، نشان می دهد که چگونه این خواست های رشد کننده، هر مفهوم را کشف و اختراع کرده اند. هر ابتکاری در حقیقت وسیله ای بوده است تا به ما کمک کند تا نیازهای پایه ای و تقاضاهایی که خواست هایمان خلق می کردند را ارضاء کنیم.

اولین مرحله از خواست مربوط است به خواست های فیزیکی همانند غذا، رابطه جنسی، خانواده و خانه. اینها بنیادی ترین خواست ها هستند که در میان همه موجودات زنده مشترک هستند. برخلاف مرحله اول خواست ها همه ی دیگر خواست ها به طور ویژه ای مربوط به انسان ها هستند و از زندگی کردن در یک جامعه انسانی سرچشمه می گیرند. مرحله دوم، خواست برای ثروت است. مرحله سوم، خواست برای مقام، شهرت و افتخار است. و مرحله چهارم، خواست برای دانش است.

شادی یا غم، لذت یا رنج به این بستگی دارد که چقدر ما نیازهایمان را ارضاء می کنیم. اما این رضایتمندی نیازمند تلاش است. در حقیقت ما چنان به وسیله لذت، هدایت یا رانده می شویم که براساس گفته کبالیست یهودا آشلاگ: "یک شخص نمی تواند حتی کوچکترین حرکتی بدون انگیزه انجام دهد و یا بدون

اینکه برای خودمان منفعتی داشته باشد. به عنوان مثال وقتی شخصی دستش را از صندلی به سوی میز حرکت میدهد به این خاطر است که شخص فکر میکند که با قرار دادن دستش بر روی میز لذت بیشتری را دریافت خواهد کرد. اگر این شخص این چنین فکر نمیکرد او دستش را برای باقی زندگی اش بر روی صندلی گذاشته و رها میکرد.

در فصل قبل گفتیم که خودپرستی، یک نوع بیماری است. به عبارت دیگر شدت لذت، بستگی دارد به شدت خواست. هنگامیکه پر شدن از لذت، افزایش می یابد خواست به طور تناسبی کاهش می یابد. بنابراین وقتی که خواست تمام شد و از بین رفت لذت نیز از بین میرود. نتیجه اینکه برای لذت بردن از چیزی ما تنها بایستی آن را بخواهیم و به خواستنش ادامه بدهیم. در غیر اینصورت لذت ناپدید خواهد شد.

به علاوه لذت در درون شیء خواسته شده وجود ندارد بلکه در درون شخصی است که آن را می خواهد. برای مثال اگر من دیوانه تن ماهی باشم به این معنی نیست که لذت در درون تن ماهی وجود دارد بلکه یک لذت در درون من به شکل تن ماهی وجود دارد.

از ماهی تن بپرسید که آیا از جسم خودش لذت میبرد؟ من شک دارم که جواب مثبتی بگیرید. ممکن است به طور بی ادبانه از تن ماهی بپرسم که چرا شما از آن لذت نمی برید؟ درحالیکه وقتی من تو را گاز میزنم مزه خوبی داری و تو مقدار زیادی گوشت تن ماهی داری. اگر من شما بودم انگار در بهشت می بودم.

البته همه ما می دانیم که این یک گفتگو واقعی نیست. نه به این خاطر که تن ماهی به زبان ما صحبت نمیکند. ما به طور ذاتی می دانیم که ماهی تن

نمیتواند از جسم خودش لذت ببرد.

انسان ها میتوانند از طعم تن ماهی لذت ببرند چرا اینگونه است؟ چون ما، یک خواست، برای آن داریم و دلیل اینکه، ماهی تن نمی تواند از جسم خودش لذت ببرد اینست که آنها هیچ خواستی برای آن ندارند.

یک خواست ویژه برای دریافت لذت از یک شیء ویژه یک کِلی (Kli) یا ظرف نامیده میشود. و دریافت لذت درون (کلی)، اور (نور) نامیده می شود. مفهوم (اور) و (کلی) در کبالا بدون شک مهمترین مفهوم است. هنگامیکه شما میتوانید یک کلی (ظرفی) برای خالق بسازی آنگاه شما نور او را دریافت خواهید کرد.

رسیدگی کردن به خواست ها

اکنون که میدانیم خواست ها باعث پیشرفت میشوند، اجازه دهید ببینیم چگونه ما در سرتاسر تاریخ به آنها رسیدگی کرده ایم. در بیشتر اوقات ما دو روش برای رسیدگی کردن به خواست ها داشته ایم:

۱-هر چیزی را به یک عادت تبدیل کردن. یعنی رام کردن خواست ها یا مهار کردن آنها از طریق برآورده کردنشان.

۲-کاهش دادن و سرکوب آن ها

بیشتر مذاهب از گزینه اول استفاده میکنند یعنی چسباندن هر عملی به یک پاداش. آموزگار ما و آنهایی که دور و اطراف ما هستند، به منظور برانگیختن ما برای انجام آنچه که "خوب" در نظر گرفته میشود،در مقابل کار خوبی که

ما انجام بدهیم، به ما بازخورد و یا بازتاب مثبتی میدهند. هنگامی که بزرگتر میشویم پاداش ها به تدریج متوقف میشوند اما اعمال ما در ذهن ما به صورت پاداش آور "برچسب" زده شده اند.

هنگامی که ما به چیزی عادت کنیم آن به "طبیعت دوم" ما تبدیل میشود و هنگامی که ما بر اساس طبیعت دوممان عمل کنیم همواره با خودمان احساس راحتی خواهیم کرد.

روش دوم برای رسیدگی به خواست ها یعنی از طریق سرکوب آنها، در ابتدا به وسیله آموزش های شرقی مورد استفاده قرار گرفت. این نگرش یک قانون ساده را دنبال می کند: بهتر است که نخواهیم، تا اینکه بخواهیم و نداشته باشیم. یا به گفته« لائو تسه»: "قابل قبول را آشکار کن، سادگی را بپذیر، خودپرستی را کاهش بده و چند خواسته داشته باش."

از کتاب روش لائوتسه

برای سالیان سال این دو روش ، سبک زندگی ما را تشکیل میداد. اگرچه ما آنچه را که می خواستیم به دست نمی آوردیم چون این قانون وجود داشت که: وقتی شما آنچه را که میخواهید دارید آنگاه دیگر آن را نمی خواهید. اما این تعقیب به خودی خود لذت بخش بود هرگاه یک خواست جدید از راه میرسید ما باور داشتیم که این یکی آرزوهای ما را برآورده خواهد ساخت. ما تا زمانی که رویاهایمان را داشتیم امیدوار بودیم. و هنگامی که امید وجود دارد زندگی وجود دارد حتی بدون ارضاء و پرشدن حقیقی آن رویا.

اما خواست های ما رشد کردند و به مرور به طور فزاینده ای، مشکل تر ارضاء می شدند. با وجود رویاهای برآورده نشده قبلی، ما با یک کلی (kli) خالی مواجه شدیم و بنابراین، دو روش رام کردن خواست ها و سرکوب آنها،

با یک ماجراجویی بزرگ روبرو شدند. وقتی نمیتوانیم خواست هایمان را سرکوب کنیم، هیچ انتخابی نداریم به جز اینکه دنبال راهی برای ارضای آنها بگردیم. در این حال، ما یا روش های قدیمی را رها میکنیم و یا اینکه به یک نوعی آنها را با یک روش جدید جستجو ترکیب میکنیم.

یک خواست جدید در شهر

ما گفتیم که چهار مرحله یا درجه برای خواست گرفتن وجود دارد:
الف) خواست های فیزیکی برای غذا، تولید مثل، و خانواده.
ب) خواست ثروت.
ج) خواست قدرت و احترام (که گاهی، به دو گروه متمایز، جدا میشوند.)
د) خواست دانش.

این چهار مرحله به دو گروه تقسیم می شوند:

گروه یک_ خواست های حیوانی، یا همان مرحله الف، که در میان تمام مخلوقات زنده مشترک هستند.

گروه دو_ خواست های انسانی؛ مرحله های ب، ج، د، که منحصر به انسان ها هستند.

گروه دوم بود که ما را به جایی که اکنون در آن هستیم رساند. اما امروزه، یک خواست جدید وجود دارد، مرحله پنجم در رشد و تحول خواست گرفتن. همانطور که در فصل قبل گفتیم، کتاب زوهر می نویسد که در انتهای قرن بیستم یک خواست جدید ظاهر میشود.

این خواست جدید، تنها یک خواست دیگر نیست بلکه اوج تمام خواست های پیش از خود است. آن، نه تنها قویترین خواست است، بلکه داری ویژگی های خاصی است که آن را از تمام خواست های دیگر متمایز میکند.

هنگامی که کبالیست ها، در مورد قلب، حرف میزنند منظورشان قلب فیزیکی نمی باشد بلکه، خواست های چهار مرحله اول مد نظرشان است. اما مرحله پنجم خواست، بسیار متفاوت است. آن، تنها از طریق روحانیت، و نه هیچ چیز فیزیکی، ارضاء می شود. همچنین، این خواست، ریشه رشد روحانی است، که برای شخص تعیین شده، تا تجربه کند. به همین دلیل، کبالیست ها، این خواست جدید را "نقطه ای در قلب" می نامند.

روشی جدید، برای خواستی جدید

هنگامی که "نقطه ای در قلب" ایجاد میشود شخص شروع به حرکت از خواستهای دنیایی، یعنی سکس, قدرت، پول، و دانش، به سوی خواستن لذت های روحانی میکند. چون این، نوع جدیدی از لذت است که دنبالش میگردیم، پس ما به راه جدیدی برای ارضاء آن نیاز داریم. روش ارضاء خواست جدید «دانش کبالا» یا دانش چطور گرفتن، نامیده میشود.

برای فهمیدن این روش جدید اجازه دهید نگاهی کنیم به تفاوت مابین دانش کبالا، که هدفش پر کردن خواست روحانی است و روش های قبلا استفاده شده برای پر کردن خواست های دیگر. با خواست های معمولی، ما میتوانیم آن چیزی را که میخواهیم، بسیار ساده بیان کنیم. اگر من بخواهم که غذا بخورم به دنبال غذا میگردم. اگر من احترام بخواهم، طوری رفتار می کنم تا دیگران به من احترام بگذارند.

اما چون من، کاملا نمیدانم که روحانیت چیست، چطور خواهم فهمید که برای دستیابی به آن، چه باید بکنم. چون در آغاز، ما تشخیص نمی دهیم که آنچه در حقیقت می خواهیم آشکار کردن خالق است. ما همچنین تشخیص نمی دهیم

که نیازمند روش جدیدی برای گشتن به دنبال آن هستیم. این خواست، چنان کاملا متفاوت از هر چیزی است که قبلا احساس کرده ایم، که آن حتی برای خود ما غیر روشن است. به همین دلیل روش کشف کردن آن "دانش پنهان" گفته می شود.

تا زمانی که تمام آن چیزی که میخواستیم، غذا و موقعیت اجتماعی، و یا در بهترین حالت،دانش بود، ما به این "دانش پنهان" نیازی نداشتیم، زیرا استفاده ای از آن نمی توانستیم بکنیم. به همین دلیل، آن، پنهان باقی ماند. اما پنهانی آن، به معنای دور انداختن آن نبود، بلکه برعکس برای پنج هزار سال، کبالیست ها در حال آماده کردن و پالایش آن بودند برای زمانی که مردم، به آن نیاز داشته باشند. آنها کتاب های ساده تر و ساده تری نوشتند تا کبالا را قابل دسترس تر و قابل درک تر بکنند. آنها میدانستند که در آینده، کل دنیا، به آن نیاز خواهند داشت. آنها نوشته اند در زمانیکه مرحله پنجم خواست ظاهر شود این اتفاق خواهد افتاد. اکنون، این مرحله، پدیدار شده است و آنهایی که آن را تشخیص می دهند نیاز به دانش کبالا را احساس می کنند.

به عبارت کبالیستی، برای دریافت لذت، شما بایستی یک ظرف، یا کلی Kli، داشته باشید, یعنی، یک خواست، که به روشنی، برای یک لذت ویژه تعریف شده. ظهور یک کلی، ذهن ما را مجبور میکند که به دنبال یک راهی برای ارضاء و پرکردن آن بگردیم، با استفاده از اور Ohr یا نور. اکنون که بسیاری از ما، دارای نقاطی در قلب هستند، دانش کبالا، خودش را به عنوان وسیله ای برای پر کردن خواست ما برای روحانیت آشکار می کند.

تیکون: اصلاح خواست گرفتن

ما از قبل گفته ایم که خواست گرفتن برای خود، یک بیماری است. هنگامی که من، در انتها، آنچه که به دنبالش بودم را دریافت کنم، آنگاه تقریبا بلافاصله دیگر آن را نمی خواهم. و البته بدون خواستن ان، من نمی توانم از آن لذت ببرم.

خواست روحانیت، همراه با ساختار و مکانیزم از قبل تعریف شده و یگانه اش، به کمک ما می آید تا از این گرفتاری رهایی یابیم. این مکانیزم، تیکون یا اصلاح نامیده می شود. یک خواست مربوط به مرحله پنجم، بایستی ابتدا با این تیکون، "پوشش" داده شود قبل از اینکه بتواند به طور موثر و خوشایندی مورد استفاده قرار بگیرد.

فهمیدن تیکون یا اصلاح، بسیاری از بدفهمی های معمول در مورد کبالا را حل می کند. خواست گرفتن، نیروی پیشران هر پیشرفت و تغییری است که در تاریخ بشر رخ داده است. اما این خواست گرفتن، همواره یک چیز بوده است یعنی دریافت لذت برای رضایت شخصی. درحالیکه هیچ اشکال یا چیز نادرستی در مورد خواست دریافت کردن لذت وجود ندارد اما نیت یا اینتنشن لذت بردن برای منفعت شخصی، ما را در تضاد با طبیعت یا همان خالق قرار می دهد. بنابراین، از طریق خواست گرفتن برای خودمان، ما خودمان را از خالق جدا می کنیم. این همان نقطه فساد یا گندیدگی ما و همچنین دلیل تمام بدشانسی ها و ناخشنودی های ما است.

یک اصلاح، هنگامی که ما گرفتن را متوقف کنیم اتفاق نمی افتد بلکه وقتی رخ می دهد که دلیلی که برای آن می گیریم یا همان نیت مان را تغییر دهیم. هنگامی که ما برای خاطر خودمان می گیریم آن "خودپرستی" نامیده می

شود. وقتی که ما میگیریم تا با خالق یکی شویم و به یگانگی با طبیعت برسیم، آن عمل "نوعدوستی" نامیده می شود.

برای مثال، آیا شما از خورد یک غذای یکسان، هر روز و برای ماه های متوالی لذت می بردید؟ احتمالا نه! اما این دقیقا همان چیزیست که یک نوزاد لازم است انجام دهد. نوزاد هیچ انتخابی در این مورد ندارند. در حقیقت تنها دلیلی که آنها با آن موافقت می کنند اینست که هیچ چیز دیگری نمی دانند. اما یقینا به جزء پر کردن معده های خالیشان، تنها آن مقدار از لذت وجود دارد که آنها می توانند از خوردن بدست آورند.

اکنون به مادر نوزاد فکر کنید. چهره شاداب و خوشحال او را در هنگامیکه به نوزادش غذا می دهد تصور کنید. او تنها با دیدن اینکه بچه اش غذای سالمی می خورد، به وجد می آید. نوزاد، در بهترین حالت، ممکن است خوشحال باشد اما مادر او گویی که در بهشت است!.

این آن چیزیست که اتفاق می افتد: اگر ما آن چیزی را که طبیعت از ما می خواست می دانستیم و آنرا انجام می دادیم، آنگاه ما لذت در بخشیدن را احساس می کردیم. به علاوه ما آنرا در مرحله غریزی ای که مادر ها به صورت طبیعی با بچه هایشان تجربه می کنند احساس نمی کنیم، بلکه آن احساس را در مرحله روحانی ای که در پیوند ما با طبیعت رخ می دهد، حس کرده و تجربه می کنیم.

در زبان عبری (زبان اصلی کبالا) به نیت ، کاوانا گفته می شود . بنابراین، اصلاحی که ما نیاز داریم تا انجام دهیم اینست که یک کاوانای درست بر روی خواست هایمان قرار دهیم. پاداش انجام یک تیکون و داشتن یک کاوانا، پر شدن آخرین و بزرگترین همه آرزوهای ما یا همان خواست برای

روحانیت و برای دستیابی به خالق است. هنگامی که این خواست پر می شود، شخص سیستمی که واقعیت را کنترل می کند می شناسد، در ساختنش مشارکت می کند و سرانجام کلید ها را دریافت کرده و بر روی صندلی راننده می نشیند.

چنین شخصی دیگر زندگی و مرگ را آنطوری که ما تجربه می کنیم تجربه نمی کند بلکه بدون تلاش و بطور لذت بخشی در درون ابدیت یک جریان بی پایان از خوشی، کمال، و یگانگی با خالق، جاری می شود.

در پوست گردو

پنج مرحله برای خواست هایمان وجود دارد، که به سه گروه تقسیم شده اند؛
گروه اول _ خواست های حیوانی، که شامل غذا، تولید مثل، و مسکن است.
گروه دوم _ خواست های انسانی، که شامل پول، افتخار و دانش هستند.
گروه سوم _ خواست های روحانی، یا همان "نقطه ای در قلب" است.

تا زمانی که تنها دو گروه اول، فعال بودند ما خواست هایمان را از طریق "رام کردن" آنها با ارضاء روزمره شان، و یا سرکوب آنها حل و فصل میکردیم. هنگامیکه "نقطه ای در قلب" پدیدار شد، دو روش اول دیگر کارایی نداشتند و ما می بایستی دنبال راه دیگری می گشتیم. این زمانی بود که دانش کبالا دوباره ظاهر شد. بعد از پنهان بودن برای هزاران سال، که در این دوره، منتظر زمانی بود که دوباره مورد نیاز باشد.

دانش کبالا، وسیله ای برای "تیکون" یا اصلاح ما است. با استفاده از آن، ما میتوانیم "کاوانا" یا نیت خود را از خواست ارضاء شخصی، که به صورت "خودپرستی" تعریف میشود، به خواست ارضاء کل طبیعت، یا خالق، که به

صورت "نوعدوستی" تعریف می شود تغییر دهیم.

بحران جهانی، که ما امروزه تجربه میکنیم، در حقیقت بحرانی مربوط به خواست ها است. هنگامی که از دانش کبالا برای ارضاء آخرین و بزرگ ترین همه خواست ها، که همان خواست روحانیت است استفاده کنیم، همه مشکلات، به طور خود به خود حل خواهند شد. زیرا ریشه تمام آنها در نبود رضایتمندی روحانی است که خیلی ها در حال حاضر تجربه میکنند.

فصل ۳ - سرچشمه خلقت

اکنون که ما، در مورد وجود یک نیاز واقعی برای مطالعه دانش کبالا صحبت کرده ایم، زمان آن رسیده است که تعدادی از مقدمات این دانش را یاد بگیریم. اگرچه قلمرو این کتاب اجازه مطالعه مفصلی در مورد دنیاهای بالاتر را به ما نمی دهد، اما در پایان این فصل اگر خواستید که کبالا را عمیقا و در عمل یاد بگیرید، شما یک پایه مناسب و کافی برای ادامه دادن کسب خواهید کرد.

صحبتی در مورد شکل ها: کتاب های کبالا، همواره پر از شکل بوده و هستند. شکل ها به توضیح ساختار و حالت های روحانی کمک میکنند. از همان روزهای اولیه باستان، کبالیست ها از شکل ها به عنوان وسیله ای برای توضیح آنچه در مسیر روحانی تجربه میکردند استفاده می کردند. با این وجود خیلی مهم است که به یاد داشته باشیم، این شکل ها به هیچ چیز یا شیء قابل لمسی اشاره نمیکند. آنها خیلی ساده، تصاویری هستند برای توضیح حالت روحانی، که در مورد رابطه شخصی شخص با خالق یا طبیعت هستند.

دنیاهای روحانی

کل خلقت، به طور کامل از یک "خواست دریافت لذت" ساخته شده است. این خواست در چهار مرحله یا چهار فاز رشد کرده است که آخرین آنها مخلوق گفته میشود. (شکل شماره یک) این ساختار الگو برای رشد و تکامل، بنیان و اساس هر چیزی است که وجود دارد.

شکل شماره یک ، ساخته شدن یک مخلوق را توضیح میدهد. اگر ما مراحل این ساخته شدن را همانند یک داستان بیان کنیم، به ما کمک خواهد کرد تا به یاد داشته باشیم که این شکل ها حالات اساسی و روحانی را توضیح میدهند و نه اشیا یا مکان ها را. قبل از اینکه چیزی خلق شود بایستی درباره اش فکر بشود و در موردش برنامه ریزی بشود. در اینجا ما در مورد اندیشه ای که باعث شد خلقت رخ بدهد صحبت میکنیم. ما، این را "اندیشه خلقت" می نامیم.

در فصل اول گفتیم که ترس مردم از طبیعت در گذشته، آنها را مجبور کرد تا برنامه آن برای خودشان و همه ما را جستجو کنند. آنها در مشاهداتشان دریافتند که برنامه طبیعت برای ما اینست که لذت دریافت کنیم.

اما نه فقط هر لذتی که در این دنیا قابل لمس است. طبیعت، که گفتیم قابل جابجایی با عبارت خالق است، میخواهد که ما، لذتی ویژه را درک کنیم که همان لذت مشابه شدن با خودش، یعنی خالق، است.

پس، اگر شما به شکل شماره یک توجه کنید می بینید که اندیشه خلقت، همان خواست دادن لذت، یا همان نور، به مخلوقات است. آن همچنین ریشه خلقت

است یعنی جایی که همه ما آغاز شدیم. گبالیست ها، از عبارت کِلی (ظرف، Kli) برای خواست گرفتن لذت، یا نور استفاده میکنند. اکنون می توانیم ببینیم که چرا آنها دانش خودشان را دانش گبالا یا همان دانش گرفتن، نامیدند.

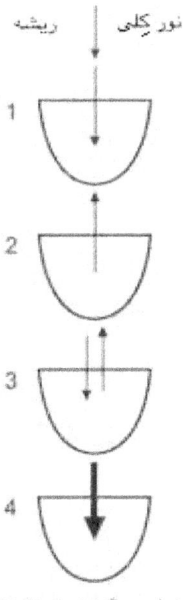

(شکل ۱. پنج فاز تحول خواست گرفتن)

پیکان های به سمت پایین، مشخص کننده نور ورودی خالق هستند
پیکان های به سمت بالا، مشخص کننده خواست مخلوق، برای خشنود کردن خالق هستند

همچنین، یک دلیل منطقی وجود دارد که چرا آنها لذت را نور نامیدند. هنگامیکه یک کِلی (Kli) یا مخلوق، یا شخص، خالق را احساس میکند، آن، همانند یک تجربه ای از یک دانش بزرگ است که بر یک شخص فرود می آید. مانند اینکه چیزی در درون من قرار گرفته است و اکنون من نور را میبینم و احساس میکنم. در این هنگام ما متوجه خواهیم شد که همه دانشی که آشکار شده است در تمام مدت در درونمان وجود داشته اما پنهان از چشم ما. این همانند اینست که تاریکی شب به روشنایی روز تبدیل میشود، و آن نامرئی اکنون مرئی شده است. و چون این نور، همراه خود دانش می آورد گبالیست ها، آن را نور دانش نامیدند و روش دریافت آن را "دانش گبالا" نامیدند.

چهار فاز بنیادی

اجازه دهید که به داستانمان برگردیم، برای عمل کردن به اندیشه خلقت، خالق، یک خلقتی را طراحی کرد که بتواند لذت مشابه خالق بودن را دریافت کند. اگر شما، یکی از والدین باشید میدانید که این چگونه احساسی است، چه کلمات گرمتری را میتوان به پدر گفت جز اینکه: "پسر شما کپی خود شما است." همینطور که الان گفتیم، اندیشه خلقت، یا دادن لذت به مخلوق، همان ریشه خلقت است. و به همین دلیل اندیشه خلقت، "فاز ریشه" یا "فاز صفر" نامیده میشود و خواست گرفتن لذت "فاز یک" است.

توجه کنید که فاز ریشه به صورت یک پیکان رو به پایین نشان داده شده است. هرگاه پیکانی وجود دارد که به پایین اشاره می کند معنایش این است که نور از خالق به مخلوق می رسد. اما متضاد این درست نیست: وقتی پیکانی رو به بالا وجود دارد، معنایش این نیست که مخلوق به خالق نور می دهد، بلکه اینکه مخلوق می خواهد به او

پس بدهد. و وقتی دو پیکان به جهت های متضاد یکدیگر اشاره می کنند به چه معناست؟ به خواندن ادامه بدهید، بزودی شما درخواهید یافت که معنایش چیست.

کبالیست ها، به خالق به عنوان "خواست بخشش" اشاره می کنند و به مخلوق به عنوان خواست گرفتن لذت و خوشی و یا به سادگی، "خواست گرفتن". ما در مورد درک خودمان از خالق بعد صحبت می کنیم اما اکنون آنچه مهم است اینست که کبالیست ها، همیشه به ما آن چیزی را میگویند که خودشان درک کرده اند. آنها به ما نمیگویند که خالق خواستی برای بخشش دارد، بلکه میگویند که آنچه آنها در مورد خالق "می بینند" اینست که او خواستی برای دادن دارد. و به همین دلیل، آنها آن را "خواست بخشش" نامیدند. همچنین چون آنها در خودشان کشف کرده اند که خواستی برای گرفتن لذت دارند، پس آنها خودشان را "خواست دریافت کردن" نامیدند.

پس، خواست دریافت کردن، اولین مخلوق و ریشه هر تک مخلوقی که وجود دارد است. هنگامی که مخلوق یا خواست دریافت کردن، احساس میکند که لذت، از یک دهنده، میرسد، آنگاه آن احساس میکند که لذت واقعی در درون بخشیدن قرار دارد و نه در گرفتن. در نتیجه، خواست گرفتن، شروع به خواست برای دادن می کند (به فلش رو به بالا، که در شکل از ظرف دوم، یا همان فنجان، خارج میشود توجه کنید). این کاملا یک فاز تازه است، یا همان "فاز دوم".

اجازه دهید ببینیم که چرا این، یک فاز جدید است. اگر ما، به خود ظرف،

نگاه کنیم می بینیم که آن در هیچ یک از این فازها تغییری نمیکند. معنای آن اینست که خواست گرفتن، به همان اندازه که قبلا بود هنوز هم فعال است، چون خواست گرفتن، در اندیشه خلقت، طراحی شده بود و آن ابدی است و هیچگاه تغییری نمیکند.

با این وجود در فاز دوم، خواست گرفتن میخواهد تا از دادن، لذت دریافت کند و نه از گرفتن. که این، یک تغییر بنیادین است. تفاوت بزرگ در اینست که در فاز دوم، به یک موجود دیگر نیاز است تا بتواند به او بدهد. به عبارت دیگر، فاز دوم، باید به صورت مثبت و دهنده، با کسی یا چیزی در کنار خودش مرتبط شود.

فاز دوم، که مجبورمان می کند برخلاف خواست اصلی مان، یعنی گرفتن، ببخشیم، همان چیزیست که زندگی را به وجود آورده است و بدون آن، والدین اهمیتی به فرزندانشان نمی دادند و زندگی اجتماعی غیرممکن بود. به عنوان مثال، اگر من یک رستوران داشتم، خواست من این بود که پول دربیاورم. اما اساس کار من اینست که من به غریبه هایی غذا می دهم که منافع بلند مدتی برای من ندارند. بانکداران و یا رانندگان تاکسی و یا هرکس دیگری نیز به همین صورت عمل میکند.

اکنون، می توانیم ببینیم که چرا قانون طبیعت، قانون نوع دوستی و بخشش است و نه گرفتن. اگرچه، درست مانند فاز اول، خواست گرفتن، اساس حرکت و جنبش هر مخلوقی است. از لحظه ای که خلقت دارای هر دو خواست گرفتن و بخشش شده است، هرچیزی که رخ میدهد از "رابطه" بین این فاز های اول و دوم، سرچشمه میگیرد.

همانطور که ما، در بالا، نشان دادیم، خواست بخشش، در فاز دوم آن را مجبور به جستجوی کسی، که نیاز به کمک دارد میکند. بنابراین فاز دوم،

شروع به بررسی میکند که چه چیزی میتواند به خالق بدهد. در غیر اینصورت اگر نه به خالق پس به چه کس دیگری میتواند ببخشد.
اما هنگامی که فاز دوم، واقعا تلاش میکند، بدهد، در می یابد که تمام آنچه که خالق میخواهد، دادن است و او مطلقا هیچ خواستی برای دریافت کردن ندارد. در کنار آن، مخلوق چه چیزی میتواند به خالق بدهد؟!

به علاوه، فاز دوم، در می یابد که در درون خودش، یعنی در فاز اول، خواست واقعی خودش، گرفتن است و کشف میکند که ریشه اش، اساساً خواست گرفتن لذت است و یک گرم هم، خواست دادن واقعی و اصیل، در درون خودش قرار ندارد. اما جواب معمای ما، در اینجا قرار دارد که چون خالق تنها میخواهد که بدهد، خواست گرفتن مخلوق، دقیقا آن چیزیست که مخلوق میتواند به خالق بدهد.
این، ممکن است گیج کننده به نظر برسد، اما اگر شما به لذتی که یک مادر از غذا دادن به بچه اش بدست می آورد فکر کنید، آنگاه تشخیص میدهند، که بچه در حقیقت خیلی ساده با تمایلش به خوردن، به مادرش لذت می دهد.
بنابراین، در فاز سوم، خواست گرفتن، انتخاب می کند که دریافت کند، و با انجام آن، به فاز ریشه، یا به خالق پس بدهد. اکنون ما یک چرخه ی کامل داریم، جایی که هر دو بازیگرها دهنده هستند: فاز صفر، خالق، به مخلوق، که همان فاز اول است، می دهد و مخلوق، پس از گذر از میان فازهای یک، دو و سه، با دریافت کردن از خالق، به او پس می دهد.
در شکل ۱، فلش رو به پایین در فاز سوم، به این اشاره می کند که عملش، دریافت کردن است، همانند فاز اول. اما فلش رو به بالا به این اشاره می کند که نیتش برای دادن است، همانند فاز دوم. و یکبار دیگر تکرار می کنیم که

این فاز هنوز از یک خواست گرفتن، استفاده می کند همانند فاز های اول و دوم. این خواست گرفتن، هیچوقت تغییر نمی کند.همانطوری که قبلا دیده ایم، نیت های خودپرستانه ما، دلیل همه مشکلاتی هستند که ما در دنیا داریم. اینجا هم، در ریشه خلقت، نیت بسیار مهمتر از خود عمل است. در واقع" یهودا آشلاگ" در یک تشبیه می گوید که فاز سوم، ۱۰٪ گیرنده و ۹۰٪ دهنده است. اکنون، به نظر می رسد که یک چرخه کامل داریم .جایی که خالق موفق شده مخلوقی مشابه خودش بسازد، یعنی یک دهنده. به علاوه مخلوق نیز از دادن، لذت می برد و بنابراین، لذت را به خالق برمیگرداند. اما آیا این، اندیشه خلقت را تکمیل می کند؟

نه کاملا. عمل دریافت کردن (در فاز اول) و فهمیدن اینکه تنها آرزوی خالق دادن است (در فاز دوم)، سبب می شود که مخلوق، بخواهد که در همان سطح و حالت باشد که به فاز سوم منجر می شود. اما یک دهنده شدن، به معنای این نیست که مخلوق در همان سطح خالق است، و اندیشه خلقت، تکمیل شده است.

در سطح خالق بودن، مخلوق، نه تنها یک دهنده می شود، بلکه همان اندیشه دهنده یا اندیشه خلقت را نیز صاحب می شود. در چنین حالتی مخلوق می فهمد که چرا چرخه خالق _ مخلوق اصلا آغاز شده است. و اینکه چرا خالق، خلقت را به وجود آورد.

آشکارا، خواست درک اندیشه خلقت، یک فاز کاملا جدید است. تنها چیزی که می توانیم با ان مقایسه کنیم، کودکی است که می خواهد به اندازه والدینش، هم قوی و هم باهوش باشد. ما به طور ذاتی می دانیم که این تنها وقتی ممکن است که بچه به راستی به درون کفش های آنها قدم بگذارد. به همین دلیل

است که والدین اغلب به فرزندانشان می گویند: "صبر کن! تا وقتی خودت بچه دار شوی، آن وقت خودت می فهمی."

یکی از معمول ترین عبارت ها در کبالا، عبارت سفیروت است. این کلمه، از کلمه عبری ساپیر (ساپفیر) می آید و هر سفیرا (مفردِ کلمه سفیروت) نور مخصوص خودش را دارد. همچنین هر یک از فازهای چهارگانه در پیروی از یک، یا بیشتر از یک، سفیرا نامگذاری می شود. فاز صفر، کِتِر نامیده می شود، فاز یک، خوخما_ فاز دو، بینا_ فاز سه، زعیرآنپین و فاز چهار مَلخوت نامیده می شود.

در حقیقت، ده سفیروت وجود دارد. چون خود زَعیرآنپین از شش سفیرا به نام های : خِسِد، گِوورا، تیفعِرِت، نِتسَخ هود، و پِسود به وجود آمده است . بنابراین، ده سفیروت کامل عبارتند از: کِتِر، خوخما، بینا، خِسِد، گِوورا، تیفعِرت، نِتسَخ، هود، پِسود و مَلخوت.

تلاش برای درک اندیشه خلقت

اگرچه خالق میخواهد که ما لذت مشابه او شدن را درک کنیم، اما او این خواست را به ما نداد تا با آن شروع کنیم. همه آنچه او به ما (مخلوق، روح یکی شده آدم هاریشون) داد، میل به لذت بود. با این وجود، همانطوری که ما میتوانیم در سلسله یا دنباله فازها ببینیم، خالق، خواست بودن همانند خودش را در مخلوق ندمید، بلکه این خواست، بعد از گذر از میان فازها، در درون

مخلوق رشد کرد.

در فاز سوم، مخلوق از قبل همه چیز را دریافت کرده بود و هدفش، پس دادن به خالق نیز بود. این سلسله می توانست در همین نقطه پایان بیابد. چون مخلوق، دقیقاً همان کاری را میکرد، که خالق انجام می داد، یعنی بخشیدن. به این معنا، آنها، مشابه همدیگر بودند.

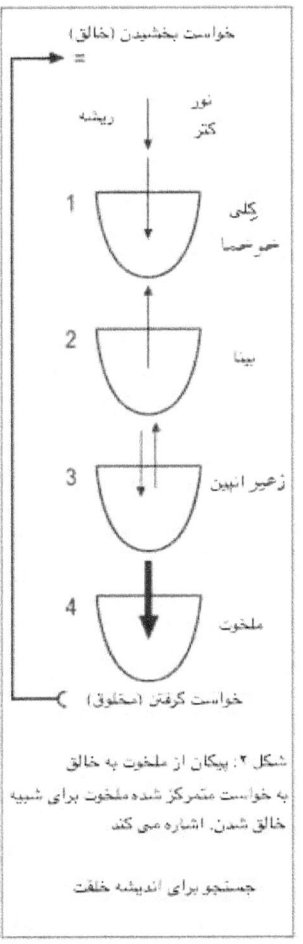

شکل ۲: پیکان از ملخوت به خالق
به خواست متمرکز شده ملخوت برای شبیه
خالق شدن، اشاره می کند

جستجو برای اندیشه خلقت

اما مخلوق، به این دادن، بسنده نکرد. او میخواست بداند که چه چیزی، دادن را لذت بخش میکند. چرا یک نیروی دهنده، برای خلق واقعیت لازم است و دهنده با عمل دادن چه دانشی را کسب میکند. به طور خلاصه، مخلوق میخواست اندیشه خلقت را بفهمد و این یک میل جدید بود. میلی که خالق، از قبل در درون مخلوق "نکاشته" بود.

در این نقطه در تلاشش برای درک اندیشه خلقت، مخلوق، به یک موجود متمایز و جدا شده از خالق تبدیل شد. ما به آن، میتوانیم اینگونه نگاه کنیم: اگر من بخواهم شبیه کسی دیگر باشم، این به آن معناست که من از وجود کس دیگری، در کنار خودم، آگاه هستم و اینکه آن شخص دیگر، چیزی دارد که من آن را میخواهم یا میخواهم آنگونه باشم که او هست.

به عبارت دیگر، من نه تنها تشخیص می دهم که شخص دیگری در کنار من وجود دارد، بلکه تشخیص میدهم که آن شخص با من تفاوت نیز دارد. و نه تنها متفاوت، بلکه بهتر هم هست. در غیر اینصورت چرا من باید بخواهم که همانند او باشم؟

بنابراین، ملخوت، یا فاز چهارم، بسیار متفاوت از سه فاز اولیه است. چون آن میخواهد که یک نوع بسیار مشخصی از لذت را به دست بیاورد (بنابراین فلش در شکل پررنگ تر است)، که همان مشابه خلق شدن است. از دیدگاه خالق، خواست ملخوت، اندیشه خلقت، یعنی همان چرخه ای که او در اصل در ذهن داشت را کامل میکند. (شکل شماره۲)

متاسفانه ما به چیز ها از دیدگاه خالق نگاه نمیکنیم. از این پایین با استفاده از عینک های روحانی شکسته ما تصویر، بسیار کمتر از ایده آل است. کلی (Kli) یا یک شخص، که کاملا متضاد با نور است، برای همانند نور شدن باید از خواست گرفتن خودش با نیت بخشیدن استفاده کند، و با انجام این کار، او تمرکز خود را از لذت برای خودش، به لذت خالق از بخشیدن خودش منتقل میکند، و با انجام این، کلی (kli) هم یک دهنده میشود.

در حقیقت، گرفتن بخاطر دادن به خالق، از قبل در فاز سوم اتفاق افتاده بود. با توجه به اعمال خالق، کار مشابه خالق شدن در فاز سوم تکمیل شده بود. زیرا خالق بخاطر بخشیدن ، میدهد و فاز سوم بخاطر بخشیدن میگیرد، پس از

این نظر آنها مشابه اند.

اما لذت نهایی در دانستن آنچه خالق انجام میدهد، یا جایگزین کردن اعمالش نیست. بلکه در دانستن آن است که چرا او و آنچه را که انجام میدهد به انجام میرساند و همچنین بدست آوردن اندیشه هایی مشابه اندیشه های او. این، بالاترین قسمت خلقت یا اندیشه خالق، به مخلوق داده نشده است و آن، چیزی است که مخلوق یا فاز چهارم بایستی به آن دست پیدا کنند.

یک اتصال و ارتباط زیبایی در اینجا وجود دارد. از یک سو به نظر میرسد که خالق و ما، طرف مقابل دادگاه هستیم چون او میدهد و ما می گیریم. اما در حقیقت بزرگترین لذت او، برای ما، اینست که همانند او بشویم و بزرگترین لذت ما نیز مشابه او شدن خواهد بود. به طور مشابهی هر بچه ای میخواهد که مشابه والدینش بشود و به طور طبیعی، هر پدر و مادری میخواهد که فرزندشان، حتی به چیزهایی دست پیدا کند که آنها خودشان نرسیدند.

نتیجه اینکه، ما و خالق، در حقیقت، به دنبال یک هدف هستیم و اگر ما، میتوانستیم این مفهوم را درک کنیم، زندگیمان بسیار بسیار متفاوت بود. به جای سردرگمی و سرگشتگی که امروزه تجربه میکنیم، هر دو ما و خالق، می توانستیم از زمان سپیده دم خلقت به سوی هدف تعیین شده، به هم بپیوندیم.

کبالیست ها، از عبارت های بسیاری برای توصیف خواست بخشیدن استفاده می کنند. مانند: خالق، دهنده، اندیشه خلقت، فاز صفر، ریشه، فاز ریشه، کِتِر، بینا، و بسیاری دیگر. به طور مشابهی آنها از عبارت های بسیاری برای توصیف خواست گرفتن استفاده می کنند. مانند: مخلوق، کلی، دریافت کننده ها، فاز یک، خُوخما و مَلخوت، که تنها تعدادی از آنها هستند. این عبارت ها به پیچیدگی ها و ظرافت های دو ویژگی بخشیدن و گرفتن اشاره می کنند. اگر ما این را به خاطر داشته باشیم ما با همه این نام ها، گیج نخواهیم شد.

برای همانند خالق شدن، یعنی یک دهنده شدن، کلی، دو کار انجام می دهد. ابتدا آن گرفتن را متوقف میکند. عملی که تزیم تزوم(تصیم تصوم) (محدودیت) نامیده می شود. در این حالت، آن کاملا نور را متوقف میکند و به هیچ مقداری از آن اجازه ورود به کلی را نمی دهد. به طور مثال، این راحت تر است که از خوردن یک چیز خوشمزه ولی ناسالم کاملا منصرف شویم، تا اینکه مقداری از آن را بخوریم و بقیه ی آن را روی بشقاب بر جای بگذاریم. بنابراین به وجود آوردن تزیم تزوم (تصیم تصوم) اولین و آسان ترین قدم برای مشابه خالق شدن است.

کار دیگری که ملخوت انجام می دهد ساختن مکانیزمی است که نور یا لذت را آزمایش می کند، تا بتواند تصمیم بگیرد که آن را دریافت کند، یا نه. و اگر دریافت کند، چه مقدار از آنرا. این مکانیزم، مَساخ (پرده) گفته می شود. به شرایطی که تحت آن، مَساخ تعیین می کند که چقدر نور دریافت کند "نیت بخشیدن" گفته می شود. (شکل شماره ۳) به عبارت ساده تر، کِلی تنها آن مقداری را برمی دارد که بتواند آن را با نیت لذت دادن به خالق، دریافت کند. نوری که در درون کِلی دریافت می شود، "نور درونی" گفته می شود. و نوری که در اطراف باقی می ماند، "نور احاطه کننده" گفته می شود.

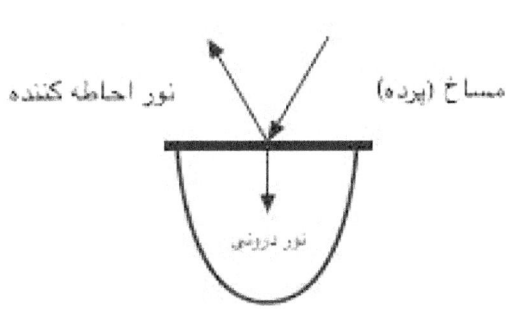

شکل ۳: مساخ. خطی است برای جداسازی نوری که مخلوق می تواند با هدف بخشیدن به خالق دریافت کند (نور درونی). از نوری که نمی تواند با همین هدف دریافت کند (نور احاطه کننده)

در انتهای پروسه ی اصلاح، کِلی تمام نور خالق را دریافت خواهد کرد و با او یکی خواهد شد. این عمل همان هدف خلقت است. وقتی ما به این سطح برسیم ما آن را هم به صورت انفرادی احساس خواهیم کرد، و هم به صورت یک جامعه ی واحد یکی شده. چون در حقیقت کِلی کامل، تنها از خواست یک فرد ساخته نشده است، بلکه از خواست های تمام بشریت ساخته شده است. و هنگامی که این اصلاح آخر را کامل کنیم، مشابه خالق خواهیم شد، فاز چهارم

تکمیل شده و خلقت، از دیدگاه ما کامل می شود، همانطوری که از دیدگاه خالق، کامل به نظر می رسید.

مسیر

برای به انجام رساندن عمل مشابه خالق شدن، اولین چیزی که مخلوق بایستی کسب کند، محیط مناسب است، تا بتواند در آن محیط رشد کرده و همانند خالق شود. این محیط، "دنیاها" گفته میشود.

در فاز چهارم، مخلوق، به دو قسمت تقسیم شد: بالاتر و پایین تر. قسمت بالاتر، دنیاها را تشکیل میدهد و قسمت پایین تر، مخلوق را تشکیل میدهد، که عبارت است از هر چیزی که در درون این دنیاها است. در یک تعریف جامع، دنیاها از خواست هایی ساخته شده اند که مَساخ (Masach) به نور اجازه ورود به فاز چهار را داده است و مخلوق از خواست هایی تشکیل میشود که برای آنها مساخ اجازه ورود نور به آنها را نداده است.

ما از قبل می دانیم که خلقت، تنها از یک چیز ساخته شده است، خواست دریافت کردن لذت و خوشی. بنابراین، بالاتر و پایین تر، در اینجا به مکان ها اشاره نمی کند بلکه به خواست هایی که ما به صورت بالاتر و پایین تر در نظر میگیریم اشاره میکند. به عبارت دیگر، خواست های بالا، آن خواست هایی هستند که ما نسبت به آنها بیشتر قدردان هستیم تا آن خواست های پایین تر. در فاز چهارم، هر خواستی که بتواند برای بخشیدن به خالق استفاده بشود متعلق به قسمت بالاتر است و هر خواستی که نتواند به این ترتیب استفاده بشود، متعلق به قسمت پایین تر است.

چون پنج مرحله از خواست ها وجود دارند، یعنی جماد، گیاه، حیوان، سخنگو، و روحانی، هریک از این مراحل، تک تک بررسی و آنالیز میشود. آنهایی

که قابل کار کردن بر رویشان هستیم (یعنی خواست های کارکن) دنیاها را می سازند و آنهایی که هنوز قابل کار کردن نیستند (یعنی خواست های بی استفاده) مخلوق را می سازند .

پیشتر در این فصل گفتیم که این الگوی چهار فازی، بنیان و اساس هر چیزی است که در جهان وجود دارد. بنابراین دنیاها نیز به همان شیوه و مدلی که در خلقت فازها دیدیم رشد میکنند. ظرف سمت چپ شکل شماره ٤ نگاهی است به محتوی فاز چهار که تقسیم آن به قسمت های بالاتر و پایین تر را نمایش میدهد. و اینکه قسمت بالاتر شامل دنیاها میشود و قسمت پایین تر شامل مخلوق. طرف چپ این شکل بر روی ساختار درونی ملخوت، تمرکز کرده است که نشان میدهد آن، منشا تمام دنیاهای روحانی و همچنین دنیای جسمانی است.

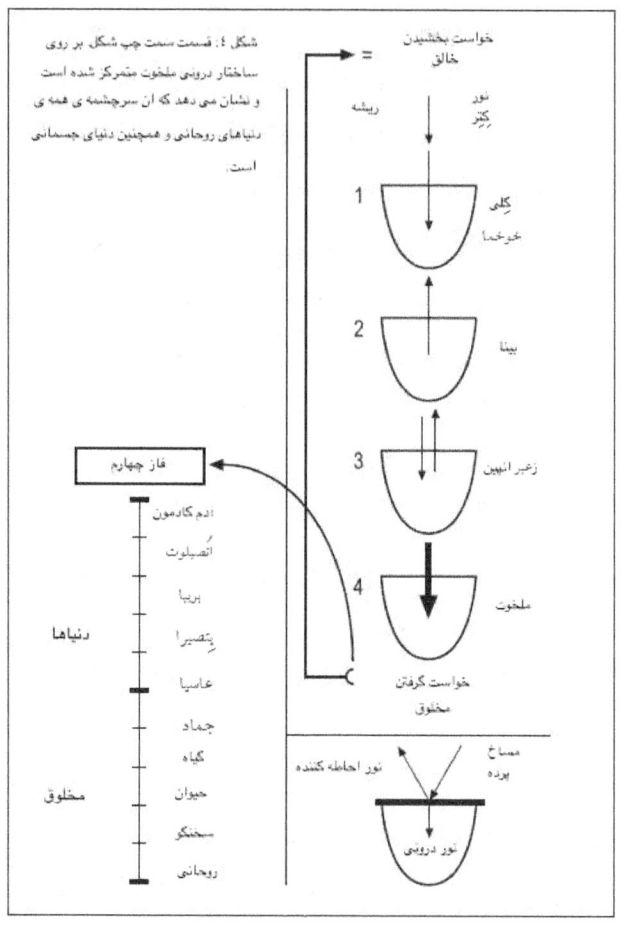

شکل ٤: قسمت سمت چپ شکل بر روی ساختار درونی ملخوت متمرکز شده است و نشان می دهد که ان سرچشمه ی همه ی دنیاهای روحانی و همچنین دنیای جسمانی است.

پس اجازه بدهید بیشتر در مورد فاز چهارم و نحوه کار کردن آن با مَساخ صحبت کنیم. بعد از همه اینها، فاز چهارم، خود ما هستیم اگر بفهمیم آن چگونه عمل میکند آنگاه ممکن است چیزهایی در مورد خودمان بیاموزیم .

فاز چهارم (مَلخوت) یکدفعه و از هیچ کجا ظاهر نشد بلکه آن، حالت رشد

کرده ای از فاز سوم است، که خود فاز سوم، از درون فاز دوم رشد کرده و به همین ترتیب تا به آخر. به عنوان مثال: آبراهام لینکلن، یکدفعه به عنوان رئیس جمهور آمریکا ظاهر نشد. بلکه از نوزادی شروع کرد تا یک بچه شد، بعد جوان و بعد بزرگسال و سرانجام یک رئیس جمهور شد. اما فازهای مقدماتی محو یا حذف نمیشوند. بدون آنها، آقای لینکلن، رئیس جمهور لینکلن نمیشد. دلیل اینکه نمی توانیم آنها را ببینیم به این خاطر است که پیشرفته ترین مرحله، همواره بر دیگر مراحلِ کمتر پیشرفته، غالب است و بر آنها سایه می افکند. اما آخرین یا بالاترین مرحله، نه تنها مراحل پایین تر دیگر را در درون خودش احساس میکند، بلکه با آنها کار نیز میکند.

به همین دلیل است که بعضی از وقت ها همه ما احساس بچه بودن می کنیم، چرا که جاهایی از وجود ما هست که هنوز بالغ نشده اند. این، خیلی ساده، دلیلش این است که آنها هنوز به وسیله لایه های رشد کرده پوشش داده نشده اند، و این لایه های نابالغ باعث میشوند که ما همانند یک بچه احساس بی دفاع بودن بکنیم.

این ساختار چند لایه ای، آن چیزیست که سرانجام باعث میشود بتوانیم والدین فرزندانمان شویم. در پروسه پرورش کودکان، ما فازهای کنونی و قبلی مان را باهم ترکیب میکنیم. ما وضعیتی که بچه هایمان تجربه میکنند را میفهمیم چون خودمان تجربه های مشابهی را داشته ایم. ما با این وضعیت ها با دانش و تجربه ای که در طول سال ها جمع آوری کرده ایم روبرو میشویم.

دلیل اینکه ما اینگونه ساخته شده ایم این است که مَلخوت (اگر آن را با نام

معمولش صدا بزنیم) دقیقا به همین ترتیب ساخته شده است. تمام فاز های قبلی مَلخوت، در درون آن وجود دارند و به بقا و نگهداری ساختار آن کمک میکنند.

برای مشابه خالق شدن تا بالاترین حد ممکن، مَلخوت، هر مرحله از خواست را در درون خودش آنالیز و تحلیل میکند و خواست ها را به دو دسته کارکن و بی استفاده، در هر مرحله، تقسیم می کند. اما خواست های کارکن، نه تنها در گرفتن برای خاطر دادن به خالق، استفاده میشوند، بلکه آنها، همچنین به خالق کمک میکنند که عمل مشابه خود کردن ملخوت را نیز کامل کند.

در چند صفحه قبل گفتیم که برای انجام عمل مشابه خالق شدن، مخلوق بایستی محیط مناسبی بسازد تا بتواند در آن رشد کند و شبیه خالق شود. این، دقیقا، آن چیزیست که دنیاها یا خواست های کارکن انجام میدهند. آنها، به خواست های بی استفاده نشان می دهند که چگونه برای بخشش به خالق دریافت کنند و با انجام آن، به خواست های بی استفاده، در اصلاح خودشان کمک کنند.

ما میتوانیم، رابطه بین دنیاها و مخلوق، را همانند گروهی از کارگران ساختمانی تصور کنیم. جایی که یکی از این کارگران نمیداند چکار باید بکند بقیه کارگرها طریقه کارکرد درست را به او یاد می دهند. در واقع با نشان دادن اینکه هر کاری چگونه باید انجام گیرد، دنیاها به مخلوق آموزش می دهند. مثلا چگونه باید یک دیوار یا چوب سوراخ بشود، چگونه از یک چکش استفاده بشود و یا از یک تراز و یا غیره. در مورد روحانیت، دنیاها به مخلوق نشان می دهند که خالق به آنها چیزی داده است. و چطور آنها میتوانند به روش درستی با آن کار کنند. کم کم و به این ترتیب مخلوق می تواند شروع به استفاده از خواست هایش کند و به همین دلیل است که در دنیای ما، خواست ها به تدریج از خفیف ترین شروع شده و به شدیدترین میرسند.

خواست ها، به صورت زیر تقسیم می شوند: دنیای آدم کادمون،(قسمت کارکن) که مرحله جماد است. و قسمت پایین تر مرحله جماد ، مخلوق، یا قسمت بی استفاده است. در حقیقت، در مرحله جماد، هیچ چیزی برای اصلاح وجود ندارد، چون آن، بی حرکت و بدون جنبش است و از خواست خودش استفاده نمیکند. مرحله جماد در هر دو قسمت، تنها ریشه تمام چیزهایی است که به دنبال آن می آیند.

از تمام آنچه ما تا کنون یاد گرفته ایم، ما هنوز نمی دانیم که کدامیک از دنیاهایی که درباره آنها صحبت کردیم دنیای ما است. در واقع، هیچکدام دنیای ما نیستند. در نظر داشته باشید که هیچ "مکانی" در روحانیت وجود ندارد، و تنها "حالت ها" وجود دارند. هرچه یک دنیا، بالاتر باشد، حالت نوعدوستانه تری را نمایندگی می کند. دلیل اینکه در هیچ جا اشاره ی به دنیای ما نمی شود این است که دنیاهای روحانی، نوعدوستانه هستند و دنیای ما، همانند خودمان، خودپرستانه است. چون خودپرستی، متضاد با نوعدوستی است، پس دنیای ما از سیستم دنیاهای روحانی جدا شده است. به همین دلیل، کبالیست ها در هیچ یک از شکل هایی که استفاده می کنند، به ان اشاره ای نمی کنند.
به علاوه، دنیاها در حقیقت وجود ندارند، مگر اینکه ما با مشابه خالق شدنمان، آنها را خلق کنیم. دلیل اینکه در مورد آنها، با زمان گذشته صحبت می شود این است که کابالیست هایی که از دنیای ما به دنیای روحانی صعود کرده اند به ما در مورد آنچه پیدا کرده بوده اند می گویند. اگر ما نیز بخواهیم که دنیاهای روحانی را پیدا کنیم بایستی با نوعدوست شدن، این دنیاها را در درون خودمان بازسازی کنیم.

خواست بعدی، دنیای آتصیلوت (قسمت کارکن) که مرحله گیاه است و قسمت پایین تر مرحله گیاه، مخلوق، یا قسمت بی استفاده است. دنیای بینا، قسمت کارکن مرحله حیوان است و قسمت پایین تر مرحله حیوان، مخلوق یا همان

قسمت بی استفاده است.

دنیای یِتصیرا، قسمت کارکن مرحله سخنگو است و قسمت پایین تر مرحله سخنگو، مخلوق، یا همان قسمت بی استفاده است. سرانجام، دنیای عاسیا، قسمت کارکن روحانیت، یا همان شدیدترین مرحله خواست ها است و قسمت پایین تر مرحله روحانی، مخلوق یا همان قسمت بی استفاده است.

اکنون شما میدانید که چرا اگر بشریت را اصلاح کنیم، به طور همزمان، تمام چیز های دیگر نیز اصلاح خواهند شد .پس اجازه دهید که در مورد خودمان و آنچه که برای ما اتفاق افتاده صحبت کنیم.

آدم هاریشون - روح مشترک

آدم هاریشون یا روح مشترک یا مخلوق، ریشه ی حقیقی تمام چیزهایی است که اینجا در حال اتفاق افتادن هستند .هنگامی که شکل گیری دنیاهای روحانی تکمیل شد، ساختاری برای خواست ها ظهور کرد . همان طوری که در بالا گفتیم پنج دنیای آدام کادمون ، آتصیلوت ، بِریا ، یِتصیرا و عاسیا پیشرفت قسمت بالاتر فاز چهار را تکمیل می کنند . اما قسمت پایین تر هنوز نیاز به پیشرفت دارد . به عبارتی دیگر ، روح از خواست های غیر قابل کار کردنی ساخته شده است که نمی توانستند نور را برای دادن به خالق دریافت کنند ، هنگامی که آنها در ابتدا خلق شدند. اکنون آنها بایستی یک به یک به سطح بیایند و رو بشوند و اصلاح شوند ، البته با کمک دنیاها و یا همان خواست های قابل کار کردن .

بنابراین درست همانند قسمت بالاتر از فاز چهار ،قسمت پایین تر از آن هم به مراحل خواست جماد، گیاه، حیوان و سخنگو تقسیم می شود. آدم هاریشون به همان ترتیب دنیاها و چهار فاز بنیادی رشد می کند ، اما خواست های

انسان خود پرستانه و خود محور هستند. به همین دلیل در آغاز انسان نمی توانست هیچ نوری دریافت کند ، در نتیجه ما قسمت هایی از روح آدم هاریشون و احساس کامل بودن و یگانگی که در آن خلق شده بودیم را از دست دادیم .

ما بایستی بفهمیم که سیستم روحانی چگونه کار می کند ، خواست خالق ، دادن است به همین دلیل او ما را خلق کرد و همچنین از ما نگهداری می کند. همانطوری که گفتیم یک خواست گرفتن به طور طبیعی خود محور است. آن فقط جذب می کند در حالی که یک خواست دادن لزوما به سوی خارج و بر روی دریافت کننده متمرکز می شود. به همین دلیل ، یک خواست گرفتن ، نمی تواند خلق کند و به همین دلیل است که خالق باید خواستی برای دادن داشته باشد ، در غیر این صورت او نمی توانست که خلق کند .

با این وجود ، چون او می خواهد که بدهد، پس آنچه او خلق می کند لزوما می خواهد که دریافت کند. در غیر این صورت ، خود او نمی توانست که بدهد، پس او ما را با خواستی برای دریافت کردن خلق کرد و این همه چیز است و دیگر هیچ چیز دیگری نیست.

مهم است که بفهمیم که به جز خواستی برای دریافت کردن ، هیچ چیز دیگری در درون ما وجود ندارد و به جز خواستی برای دریافت کردن ، هیچ چیز دیگری در دنیای ما و در درون ما نبایستی وجود داشته باشد . پس اگر ما از او دریافت کنیم چرخه کامل می شود او خوشحال است و ما نیز خوشحال هستیم ، درست است ؟

در حقیقت نه کاملاً! اگر همه ی آنچه ما می خواهیم ، گرفتن باشد آنگاه ما نمی توانیم با دهنده ارتباط برقرار کنیم ، چون چیزی در درون ما وجود نخواهد داشت که به سوی بیرون بچرخد تا ببیند آن چه که ما میگیریم از کجا

می آید .
نتیجه این که ما بایستی خواستی برای دریافت کردن داشته باشیم ، اما همچنین بایستی دهنده را نیز بشناسیم و برای این ما به خواستی برای دادن نیاز داریم به همین دلیل است که فاز یک و فاز دو بوجود آمدند.

راهی که بتوان هر دو خواست را داشت ، خلق کردن یک خواست جدید ، که به وسیله ی خالق در ما القا نشده باشد نیست ، بلکه راه انجام آن این است که کاملا به لذتی نگاه کنیم که ما به دهنده ، می دهیم ، بدون توجه به لذتی که ما ممکن است یا ممکن نیست در طول این فرآیند تجربه کنیم . این نیت یا intension بخشش نامیده می شود . بخشش ، هم، اساس خلقت است و هم آنکه ما موجودات بشری را از خود پرست به نوع دوست تبدیل می کند و در نهایت هنگامی که ما این کیفیت را کسب کنیم می توانیم به خالق متصل شده و با او ارتباط برقرار کنیم ، که این همان چیزی است که دنیاها ی روحانی قرار است به ما آموزش دهند .

تا زمانی که ما اتصال به خالق را نتوانیم احساس کنیم ، ما به صورت تکه های شکسته و جدا شده ای از روح آدم هاریشون در نظر گرفته می شویم یا به صورت خواست های اصلاح نشده . لحظه ای که ما نیت بخشیدن داشته باشیم آن گاه متصل و اصلاح شده می شویم، هم متصل به خالق و هم متصل به کل بشریت . هنگامی که تمام ما اصلاح بشویم ، آنگاه دوباره به فاز ریشه مان صعود می کنیم حتی بالاتر از دنیای آدم کادمون . و دقیقا به اندیشه ی خلقت می رسیم که عین سوف یا بی پایان گفته می شود، و اینگونه ، رضایتمندی ما بی پایان و ابدی خواهد بود.

در پوست گردو

اندیشه خلقت، دادن لذت و خوشی است، از طریق ساختن یک مخلوقی که مشابه سازنده اش باشد. این اندیشه، یا نور، یک خواست گرفتن لذت و خوشی را خلق کرد.

در نتیجه، خواست گرفتن، شروع به خواستن دادن می کند. چون عمل دادن، بیشتر شبیه خالق است و آن، آشکارا بیشتر مورد پسند است. خواست گرفتن، آنگاه تصمیم میگیرد تا بگیرد، چون آن، راه دادن لذت به خالق است. پس از آن، خواست گرفتن، میخواهد تا اندیشه ای که خودش را خلق کرده است بشناسد، چون چه لذتی بالاتر از دانستن و شناختن همه چیز می تواند وجود داشته باشد؟

سر انجام، خواست گرفتن، یا مخلوق، شروع به دریافت کردن با نیت بخشش میکند، چون آن، مخلوق را شبیه خالق می کند و روشی است که میتواند از آن طریق، اندیشه های خالق را مطالعه کند.

آن خواست هایی که میتوانند برای بخشیدن دریافت کنند، دنیاها را می سازند، که قسمت بالاتر خلقت در نظر گرفته می شوند. و خواست هایی که نمیتوانند برای بخشیدن استفاده بشوند، روح مشترک آدم هاریشون را تشکیل میدهند. این خواست ها، قسمت پایین تر خلقت در نظر گرفته می شوند .

دنیاها و روح ها، به صورت مشابهی، ساخته میشوند اما با شدت های متفاوتی از خواست ها. به همین دلیل، دنیاها میتوانند به روح نشان دهند که چگونه کار کند و ببخشد، و بنابراین به آدم هاریشون کمک کنند تا اصلاح بشود.

به عبارتی دیگر، هر خواستی، در یک دنیای مشخصی اصلاح میشود. مرحله جامد، در دنیای آدم کادمون اصلاح میشود. مرحله گیاه در دنیای آتصیلوت.

مرحله حیوان در دنیای بِریا . مرحله سخنگو در دنیای یِتصیرا و خواست روحانی، تنها میتواند در دنیای عاسیا که پایین ترین قسمت آن دنیای فیزیکی ما است، اصلاح بشود. و این ما را به عنوان فصل بعدی مان متصل میکند.

فصل ۴ - جهان ما

در ابتدای فصل قبل، نوشتیم که، قبل از آنکه چیزی خلق بشود، اندیشه خلقت وجود داشت. این اندیشه، فازهای یک تا چهار از خواست گرفتن را خلق کرد، که باعث خلق دنیاهای آدم کادمون تا عاسیا شد و سپس روح آدم هاریشون خلق شد، که خود، به روح های بیشماری که ما امروز داریم شکسته و تکه تکه شد.

خیلی مهم است که این ترتیب خلقت را به یاد داشته باشیم، چون آن به ما یادآوری می کند که این چیزها از بالا به سمت پایین رشد می کنند، یعنی از روحانی به سمت جسمانی و نه بالعکس. به طور عملی، معنایش اینست که دنیای ما، به وسیله دنیاهای روحانی، خلق و هدایت میشود.
به علاوه، حتی یک اتفاق، در دنیای ما، وجود ندارد که ابتدا، در دنیای بالا اتفاق نیفتاده باشد. تنها تفاوت بین دنیای ما و دنیای روحانی اینست که اتفاقات در دنیاهای روحانی، نیت های نوعدوستانه را بازتاب می دهند در حالیکه اتفاقات در دنیای ما، بازتاب نیت های خودپرستانه هستند.
به دلیل این ساختار آبشارگونه دنیاها، دنیای ما، "دنیای نتایج" نامیده میشود. هرچه ما، اینجا، انجام دهیم به هیچ وجه، تأثیری بر دنیاهای روحانی ندارد. بنابراین، اگر ما بخواهیم چیزی را در دنیای خودمان تغییر دهیم، ابتدا بایستی به دنیاهای روحانی صعود کنیم یعنی به "اتاق کنترل" دنیای ما، و از آنجا بر

دنیای خودمان تأثیر بگذاریم

هرم

درست همانطور که در دنیاهای روحانی اتفاق می افتد، هرچیزی در دنیای ما، از طریق همان صفر تا چهار مرحله رشد میکند. دنیای ما، مانند یک هرم ساخته شده است. در پایین یا محل آغاز تحولات این دنیا، مرحله جماد یا غیر جاندار، وجود دارد که از تریلیونها تن ماده ساخته شده است (شکل شماره ۵).

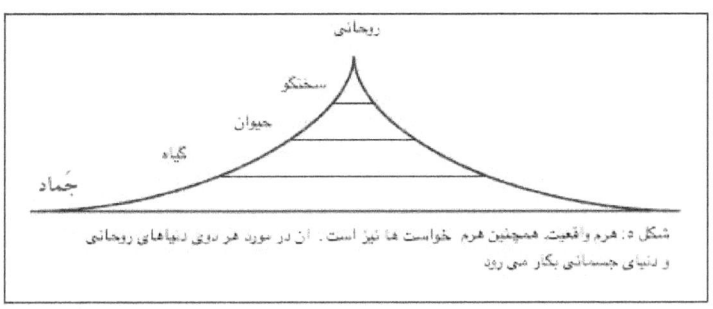

شکل ۵: هرم واقعیت. همچنین هرم خواست ها نیز است. آن در مورد هر روی دنیاهای روحانی و دنیای جسمانی بکار می رود.

در میان این تریلیونها تن ماده، ذره ریزی به نام "سیاره زمین" وجود دارد و بر روی این زمین، مرحله گیاه، ظاهر شد. به طور طبیعی، زندگی گیاهی بر روی زمین، از نظر مقداری، بی نهایت کمتر از مقدار ماده جامد موجود بر روی زمین است، چه برسد که بخواهیم آن را با کمیت ماده موجود در کل جهان مقایسه کنیم.

زندگی حیوانی، بعد از زندگی گیاهی، ظاهر شد و در مقایسه با زندگی گیاهی جرم کوچکی دارد.

مرحله سخنگو، در آخر ظاهر شد و کمترین جرم در میان همه آنها را دارد. جدیداً مرحله دیگری، به صورت عروسک فنری از مرحله سخنگو، بیرون پریده است. که آن "مرحله روحانی" یا "روحانیت" نامیده می شود. چون ما در مورد زمانهای ژئوفیزیکی، در اینجا، صحبت می کنیم هنگامی که می گوییم جدیداً، منظورمان این است که آن، تنها چندین هزار سال قبل اتفاق افتاده است. ما نمی توانیم اندازه کامل خلقت را تصور کنیم. اما اگر ما به هرم خلقت نگاه کنیم (شکل پنج) و در مورد نسبت های بین هر دو مرحله فکر کنیم، خواهیم فهمید که خواست برای روحانیت، چقدر خاص و نوظهور است. درحقیقت، اگر ما در مورد مدت زمانی که جهان وجود داشته است بیاندیشیم، یعنی تقریباً پانزده هزار میلیارد سال را به صورت یک روز ۲٤ ساعته در نظر بگیریم، خواست برای روحانیت، ۰/۰۲۸۸ ثانیه قبل ظاهر شد که به عبارت زمین شناسی، آن، همین اکنون است.

بنابراین، از یک سو، هرچه خواست، بالاتر باشد کمیاب تر و جوانتر است، از سوی دیگر، وجود یک مرحله روحانی بالاتر از مرحله انسانی، به این نکته که ما هنوز رشد و تحول مان را تکمیل نکرده ایم اشاره می کند. این رشد و تحول، به همان اندازه ای که بوده است فعال است اما چون ما آخرین مرحله ای هستیم که ظاهر می شود پس به طور طبیعی فکر میکنیم که ما بالاترین مرحله هستیم. هرچند ممکن است که ما، در بالاترین مرحله باشیم اما در مرحله پایانی نیستیم. ما، تنها در آخرین مرحله از مراحلی هستیم که از قبل ظهور کرده اند.

مرحله پایانی، از بدن های ما، به عنوان میزبان استفاده خواهد کرد اما از روش های کاملاً متفاوتی از فکر کردن، احساس کردن و بودن، تشکیل خواهد

شد. آن، از قبل، در درون ما در حال رشد بوده است و آن، "مرحله روحانی" نامیده می شود.

هیچگونه تغییر فیزیکی، یا گونه های جدید جانوری، مورد نیاز نیستند بلکه تغییر درونی، در درک ما از جهان، رخ خواهد داد. به همین دلیل است که فاز بعدی، چنین دست نیافتنی به نظر می رسد. آن، در درون ما است و همانند دیتا بر روی یک هارد-دیسک، بر روی رشیموت های ما، نوشته شده است. این دیتا و اطلاعات، خوانده و اجرا خواهد شد، خواه ما از آن باخبر باشیم یا نه. اما ما می توانیم این دیتا و اطلاعات را خیلی سریعتر و خوشایندتر بخوانیم و اجرا کنیم، اگر آن را با استفاده از "نرم افزار" مناسب تری بخوانیم که همان دانش کبالا است .

هرچه در بالا است، در پایین نیز

اگر ما، فازهای زمینی را با چهار فاز بنیادی مقایسه و متناظر کنیم، عصر جماد، متناظر با فاز ریشه است. عصر مواد گیاهی، متناظر با فاز یک است، عصر حیوان ها، متناظر با فاز دو است، عصر سخنگو، متناظر با فاز سه است و عصر روحانی، متناظر با فاز چهار.

متراکم شدن گازها و غبارهای کیهانی سیاره زمین چندین میلیون سال طول کشید. وقتی آن، خنک شد زندگی گیاهی، ظاهر شد، که برای میلیون ها سال بر روی سیاره زمین حکمرانی کرد. اما همانطور که مرحله گیاهی، در هرم روحانی، بسیار باریک تر از مرحله جماد است، دوره گیاهی فیزیکی نیز، کوتاهتر از دوره غیر جاندار بر روی زمین بود.

بعد از تکمیل فاز گیاهی، دوره حیوانی سر رسید. به همان ترتیب دو مرحله

قبلی، دوره حیوانی، بسیار کوتاهتر از دوره گیاهی است که مطابق است با همان تناسب بین درجات گیاهی و حیوانی در هرم روحانی.

فاز انسانی که متناظر است با مرحله سخنگو در هرم روحانی، تنها در حدود چهل هزار سال گذشته وجود داشته است. هنگامی که بشر رشد فاز چهارم یا آخرین خودش را کامل کند، آنگاه پروسه رشد، کامل خواهد شد و بشر دوباره به خالق خواهد پیوست.

فاز چهارم، حدود پنج هزار سال قبل شروع شد، هنگامی که "نقطه ای در قلب"، برای اولین بار ظاهر شد. اسم شخصی که برای اولین بار، این نقطه را تجربه کرد آدم بود. او "آدم هاریشون" به معنای "اولین بشر" بود. نام آدم، از کلمات عبری می آید، از کلمه : "آدامه لا عِلیون"، یعنی "من همانند آن بالاتری خواهم شد" و خواست آدم برای مشابه خالق بودن را بازتاب می دهد.

این روزها، یعنی در ابتدای قرن بیست و یکم، پروسه تکامل، در حال تکمیل رشد فاز چهارم خودش است، یعنی خواست همانند خالق بودن. به همین دلیل است که امروز، مردمانِ بیشتر و بیشتری به دنبال جواب های روحانی برای سوالاتشان هستند.

بالا رفتن از نردبان

هنگامی که کبالیست ها، در مورد رشد روحانی صحبت می کنند آنها، در مورد صعود از نردبان روحانی، حرف میزنند. به همین دلیل، کابالیست یهودا آشلاگ "Yehuda Ashlag" اسم تفسیر خودش بر کتاب زوهر را "پِروش هَسولام" یعنی "تفسیر نردبان" نامید، و به همین دلیل او "بَعَل

هَسولام" یعنی "صاحب نردبان" نامیده میشود. اگر ما، نگاهی دوباره به چند صفحه قبل داشته باشیم، درمیابیم که بالا رفتن از نردبان، در حقیقت، به معنای بازگشتن به ریشه ها است. زیرا ما، از قبل، آن بالا بوده ایم. اما اکنون، بایستی راه بازگشت خودمان به آنجا را کشف کنیم.

ریشه، هدف پایانی ما است. آن، جاییست که ما، در نهایت، به سویش در حرکت هستیم اما برای رسیدن به آنجا با سرعت و آرامش، نیازمند خواست و میلی بزرگ برای آن هستیم. چنین خواستی برای روحانیت، تنها میتواند از نور و خالق برسد. اما برای به اندازه کافی قوی شدن، آن، بایستی توسط محیط تشدید شود.

اجازه دهید این را روشن تر کنیم. اگر من یک تکه کیک بخواهم، آنگاه من، آن تکه کیک را در ذهنم تصور میکنم، رنگش را، مرطوب بودنش را، عطر شیرین اش را، و طوری که آن در دهان آب می شود. هرچه بیشتر در مورد آن فکر کنم بیشتر آن را میخواهم. در کبالا اصطلاحاً به این میگوییم که کیک، بر من، از طریق "نور احاطه کننده" می تابد.

بنابراین، برای خواستن روحانیت، ما نیازمند به ، به دست آوردن نوعی از نور احاطه کننده هستیم که باعث شود ما لذت های روحانی را بخواهیم. هرچه بیشتر از این نور جمع کنیم سریعتر پیشرفت میکنیم. خواستن روحانیت، بالا بردن بشر نامیده می شود و تکنیک انجام آن، همانند افزایش دادن خواست برای یک کیک است، یعنی با تصور کردن آن، حرف زدن درمورد آن، خواندن در مورد آن، فکر کردن درمورد آن، و انجام هر کاری برای تمرکز بر روی آن. اما قدرتمندترین وسیله برای افزایش هر نوع خواستی، محیط اجتماعی ما است. ما میتوانیم از محیط، برای شدت بخشیدن به خواست های

روحانی خودمان، استفاده کنیم و پیشرفت مان را شتاب بخشیم.

ما در فصل شش، بیشتر در مورد محیط صحبت خواهیم کرد. اما در حال حاضر اجازه دهید در موردش اینگونه فکر کنیم: اگر هرکسی در اطراف من یک چیز بخواهد و فقط در مورد یک چیز صحبت کند، و تنها یک چیز وجود داشته باشد که در "میان" باشد، آنگاه من وادار به خواستن آن چیز خواهم شد.

در فصل دوم ما گفتیم که ظهور یک کِلی، Kli، یا یک خواست، ذهن ما را وادار میکند به دنبال راهی بگردیم تا این کِلی را با اُور، یا نور، پر کنیم و آن را ارضاء کنیم. هرچه کلی، بزرگتر باشد، نور نیز، بزرگتر خواهد بود و هرچه نور بزرگتر باشد، ما، راه درست را سریعتر پیدا خواهیم کرد.

ما اکنون بایستی بفهمیم که چطور "نور احاطه کننده" کلی ما را میسازد و برای شروع چرا اصلاً آن، "نور" نامیده میشود. برای فهمیدن همه اینها، ما بایستی مفهوم "رشیموت" را بفهمیم.

آیا تفاوتی بین نامگذاری نور، به صورت "نور احاطه کننده" یا فقط "نور" وجود دارد؟

عنوان های متفاوت "نور احاطه کننده" و "نور" به دو عملکرد یک نور اشاره می کنند. نوری که احاطه کننده نباشد، آن چیزی است که ما به صورت لذت تجربه می کنیم. درحالیکه نور احاطه کننده، نوری است که کِلیKli ما را می سازد، یعنی جایی که نور، در نهایت وارد آن میشود. هر دو، در حقیقت، یک نور هستند اما وقتی ما آن را به صورت سازنده و اصلاح کننده تجربه می کنیم، آن را "نور احاطه کننده" می نامیم. هنگامی که ما آن را به صورت لذت خالص تجربه می کنیم، آن را "نور" می نامیم.

قبل از اینکه ما یک کِلی را گسترش دهیم، این طبیعی است که ما هیچ نوری

را دریافت نکنیم. اما نور آنجا است و روح های ما را احاطه کرده است، درست همانطوری که طبیعت، همواره ما را احاطه می کند. پس هنگامی که ما یک کلی نداریم، نور احاطه کننده، کلی ما را با استفاده از افزایش دادن خواست ما، برای ما می سازد.
دنیاهای روحانی و روح آدم هاریشون، به ترتیب مشخصی رشد کردند. دنیاها عبارت بودند از: آدم کادمون، آتصیلوت، بریا، یِتصیرا و عاسیا. در مورد آدم هاریشون، تحول ها براساس نوع خواست هایی که به وجود آمدند نامگذاری شده اند یعنی: جماد، گیاه، حیوان، سخنگو و روحانی.

همانطوریکه ما، دوران بچگی خود را فراموش نمیکنیم بلکه در تجربه های کنونی مان بر آن رخدادهای گذشته تکیه میکنیم، هیچ یک از قدم های برداشته شده در این فرآیند تحول و تکامل، گم نمیشوند بلکه آنها در حافظه ناخودآگاه روحانی ما ثبت می شوند. به عبارت دیگر، کل تاریخ تحول روحانی ما، از زمانی که ما با اندیشه خلقت یکی بودیم تا به امروز، همه در ناخودآگاه ما وجود دارد. بالارفتن از نردبان روحانی، خیلی ساده، به معنای به خاطر آوردن حالت هایی است که ما، از قبل یکبار تجربه کرده ایم و اکنون، از آن خاطرات پرده برداری میکنیم.

آن خاطرات، به درستی "رشیموت" یا رکوردها، نامیده می شوند و هر رشیمو (که مفرد کلمه رشیموت است) به یک حالت مشخص روحانی اشاره میکند. چون تحول روحانی ما، به ترتیب مشخصی آشکار شد، اکنون رشیموت، در درون، دقیقا به همان ترتیب، به سطح می آیند و رو میشوند. به عبارتی دیگر، حالت های آینده ما، از قبل تعیین شده اند چون ما، هیچ چیز جدیدی خلق نمی کنیم، بلکه تنها رخدادهایی را که از قبل اتفاق افتاده اند و ما از آنها بی خبریم را دوباره و البته به صورت آگاهانه تجربه میکنیم. تنها چیزی که ما میتوانیم

تعیین کنیم و آنرا به طور دقیق در فصل های بعدی مطالعه میکنیم، این است که چقدر سریع می توانیم از این نردبان صعود کنیم. هرچه برای صعود از آن، سخت تر تلاش کنیم، سریعتر این حالتها تغییر خواهند کرد و پیشرفت روحانی ما سریعتر خواهد بود.

هر یک رشیمو، وقتی که بطور کامل آن را تجربه کرده باشیم، تکمیل خواهد شد. و همانند یک زنجیر، هنگامی که یک رشیمو پایان می یابد آنگاه رشیموی بعدی پدیدار خواهد شد. این رشیموی بعدی، در اصل، خالق رشیموی قبلی بوده است، اما چون ما اکنون به سمت بالاتر نردبان برمیگردیم رشیموی کنونی، خالق اصلی خودش را بیدار می کند. بنابراین، ما هرگز نباید انتظار داشته باشیم که حالت کنونی مان را تمام کنیم و سپس استراحت کنیم. زیرا هنگامی که حالت کنونی پایان یابد، آن، منجر خواهد شد به حلقه بعدی زنجیر، تا هنگامی که ما اصلاح خودمان را تکمیل کنیم.

هنگامی که تلاش کنیم تا نوعدوست و روحانی شویم ما به حالت اصلاح شده مان نزدیک تر میشویم، زیرا ما، رِشیموت را خیلی سریعتر بیدار میکنیم و چون این رِشیموت، ثبت تجربیات بالاتر هستند، احساسی که آنها در درون ما خلق میکنند، احساسات روحانی تری است.

هنگامی که این، رخ دهد ما، به طور مبهمی، شروع به احساس متصل بودن، یگانه بودن و عشقی میکنیم که در آن مرحله وجود دارد، که خیلی زیاد، همانند نور ضعیفی است که از دوردست به ما میرسد. هرچه ما، بیشتر تلاش کنیم که به آن برسیم، به آن نزدیکتر می شویم و آن نور هم قوی تر میدرخشد. به علاوه، هرچه نور، قوی تر باشد خواست ما برای آن، نیز قویتر خواهد بود و بنابراین، نور، کلی، یا همان خواست ما برای روحانیت را میسازد.

اکنون میبینیم که نام "نور احاطه کننده" به طور کاملی، توضیح میدهد که ما چگونه آن را احساس میکنیم. تا زمانیکه به آن نرسیده ایم، آن را به صورت خارجی میبینیم که ما را با استفاده از وعده های خیره کننده خوشبختی، به سوی خودش، جذب میکند.

هر وقت که نور، یک کِلی به اندازه کافی بزرگ را برای ما بسازد تا بتوانیم به مرحله بعدی قدم بگذاریم، رِشیموی بعدی، به همراه آن، از راه میرسد و یک خواست جدید، به همراه آن، برای ما پدیدار میشود. ما نمیدانیم که چرا خواست هایمان تغییر میکند، چون آنها، همیشه قسمت هایی از رِشیموت های درجه ی بالاتری از مراحلی هستند که اکنون ما، در آن قرار داریم. حتی هنگامی که آنها، اینگونه به نظر نمی رسند.

پس، درست همانند آخرین رِشیمو که در سطح ظاهر شد و ما را به حالت کنونی مان آورد، یک خواست جدید، اکنون از یک رِشیموی جدید، به ما نزدیک میشود. به این ترتیب ما به صعودمان از نردبان ادامه می دهیم. این مارپیچی از رِشیموت است و صعودهایی که با رسیدن به هدف خلقت، یا ریشه روح هایمان پایان می یابد .هنگامی که ما برابر و یکی شده با خالق هستیم.

خواست روحانیت

سکته های مغزی مختلف، برای مردم مختلف.

تنها تفاوت بین مردم در شیوه ای است که آنها می خواهند که لذت را تجربه کنند. خود لذت، با این وجود، بی شکل و ناملموس

است. اما پوشاندن آن در درون "لباس ها" یا "روپوش های" مختلف، این توهم را ایجاد می کند که انواع گوناگونی از لذت وجود دارند. درحالیکه در حقیقت، تنها انواع گوناگونی از روپوش های لذت وجود دارند.

این حقیقت، که لذت اساساً روحانی است، توضیح می دهد که چرا ما یک اشتیاق ناخودآگاهانه داریم تا روپوش های مصنوعی لذت را، با خواست احساس کردن آن به صورت خالص اش، جایگزین کنیم، یعنی به صورت یک فرم پاک یا به عبارتی: نور خالق.

و چون ما آگاه نیستیم که تفاوت بین مردم، در نوع روپوشی از لذت است که آنها آرزویش را دارند، پس ما در موردشان بر اساس روپوشی که آرزویش را دارند قضاوت می کنیم. ما تعداد مشخصی از این روپوش ها، همانند عشق به فرزندان را، مشروع در نظر میگیریم، و بعضی دیگر، همانند مواد مخدر را، غیر قابل قبول می دانیم. هنگامی که ما احساس میکنیم یک روپوش غیر قابل قبول، در درون ما رشد می کند، ما مجبور می شویم که خواستمان را برای آن روپوش پنهان کنیم. با این وجود، پنهان کردن یک خواست، سبب از بین رفتن آن نمی شود، و یقینا آنرا اصلاح نمی کند.

همانطوری که در بخش قبلی گفتیم، قسمت پایین تر فاز چهارم، ماده روح آدم هاریشون است. درست همانطور که دنیاها، بر اساس خواست های رشد کننده، ساخته میشوند، روح آدم یا بشریت، از طریق پنج فاز، رشد کرد که عبارت بودند از: صفر، یا همان فاز جماد، تا چهار، یا همان فاز روحانی.

هنگامیکه هر فاز، به وجود می آید، بشریت، آن را به کامل ترین شکل تجربه می کند، تا جایی که تمام نیروی آن فاز گرفته شده و آن، از پای در می آید. سپس مرحله بعدی خواست، البته بر اساس زنجیره رشیموت که در درون ما قرار گرفته اند، به سطح می آید یا رو میشود. تا به امروز، ما از قبل، رِشیموت تمام خواست ها، از جماد گرفته تا سخنگو را، تجربه کرده ایم. تمام آنچه برای کامل شدن تحول بشریت باقی مانده است این است که ما، خواست

های روحانی را به کاملترین شکل تجربه کنیم. سپس یگانگی و وحدت ما با خالق، به دست خواهد آمد. در حقیقت، پدیدار شدن خواست هایی از مرحله پنجم، از قرن شانزدهم میلادی شروع شد. همانطوری که بوسیله کبالیست اسحاق لوریا، ملقب به آری " Ari" توضیح داده شده است. اما امروزه، ما شاهد پدیدار شدن شدیدترین نوع مرحله پنجم سکته های مغزی مختلف برای مردمان مختلف هستیم که روحانیت درون روحانیت است. همچنین ما، شاهد آشکار شدن آن، در تعداد بسیاری از مردم هستیم. چون میلیون ها نفر، در سراسر جهان، به دنبال جواب هایی روحانی برای سوالاتشان هستند .

چون رِشیموتی که امروزه به سطح آمده اند، از آنچه که قبلا بوده اند، نزدیک تر به روحانیت هستند، سوالات اولیه ای که مردم می پرسند در مورد منشأشان است یا همان ریشه هایشان. اگرچه بیشتر این مردم، سقفی بر روی سرشان دارند و به اندازه کافی درآمد دارند که خودشان و خانواده شان را تأمین کنند، اما اکنون آنها سوالاتی را دارند در مورد اینکه از کجا آمده اند؟ یا اینکه با نقشه چه کسی یا چه هدفی به اینجا آمده اند؟ هنگامی که آنها، دیگر با جواب هایی که مذاهب به آنها میدهند ارضا نمیشوند، آنگاه آنها به دنبال جواب گرفتن از منبع های دیگری می گردند.

تفاوت اصلی، مابین فاز چهارم و همه فاز های دیگر، اینست که در این فاز، ما بایستی آگاهانه رشد کنیم. در فازهای قبلی، آن همیشه طبیعت بود که ما را مجبور می کرد که از یک فاز به فاز دیگری برویم و اینکار را با فشار آوردن بر ما انجام می داد، تا جایی که چنان احساس ناراحتی در حالت کنونی مان میکردیم که مجبور بودیم آن را تغییر دهیم. این، طوریست که طبیعت،

تمام قسمت های مختلف خودش را، شامل بشر، حیوان، گیاه، و حتی غیر جاندار را مجبور به رشد میکند.

چون ما به طور طبیعی تنبل هستیم، فقط وقتی که فشار، غیر قابل تحمل بشود شروع به حرکت و تغییر می کنیم، درغیر اینصورت، ما حتی انگشتانمان را تکان نمی دادیم. منطق آن، ساده است، اگر در جایی که هستم خوب و خوش باشم پس چرا حرکت کنم؟!

اما طبیعت نقشه متفاوتی دارد. به جای اجازه دادن به ما برای آسوده ماندن در حالت کنونی مان، آن، از ما میخواهد که رشد کنیم. تا جایی که ما، به مرحله خودش برسیم، یعنی همان مرحله خالق، چون این، هدف خلقت است.

بنابراین، ما، دو انتخاب داریم: ما میتوانیم رشد کردن از طریق فشار طبیعت یا رنج را برگزینیم، یا اینکه می توانیم با مشارکت در رشد آگاهیمان، راه بدون رنج را انتخاب کنیم. به صورت رشد نکرده باقی ماندن، یک انتخاب نیست، چون آن، با برنامه و نقشه طبیعت، در زمانی که ما را خلق کرد، متناسب نیست.

هنگامیکه مرحله روحانی ما شروع به رشد کردن می کند، این، تنها وقتی میتواند ادامه پیدا کند، که ما بخواهیم آن رشد بکند تا اینکه ما به همان شرایط خالق دست پیدا کنیم. درست همانند فاز چهارم، در فاز های چهارگانه، ما اکنون لازم است که به طور داوطلبانه خواستمان را تغییر دهیم.

بنابراین، طبیعت، به فشار آوردن بر ما ادامه خواهد داد. ما به طور پیوسته با طوفان ها، زمین لرزه ها، بیماری های واگیر دار، تروریسم و دیگر انواع سختی ها روبرو می شویم، تا اینکه تشخیص دهیم که باید تغییر کنیم، و اینکه، ما بایستی به طور آگاهانه به ریشه مان برگردیم.

اجازه دهید مروری دوباره کنیم: ریشه روحانی مان، با گذر از فازهای صفر

تا چهار رشد کرد. فاز چهارم به دنیاها، یعنی قسمت بالاتر، و روح ها، یعنی قسمت پایین تر تقسیم شد. روح ها، که همگی در روح مشترک آدم هاریشون جمع شده اند، با از دست دادن احساس یکی بودن با خالق، تکه تکه شدند. این شکسته و تکه تکه شدن آدم هاریشون، بشریت را به حالت کنونی خودش درآورد. یک سد نامرئی، دنیاهای روحانی، یعنی بالا سد، را از دنیای ما، یعنی پایین سد، جدا می کند.

پایین سد، نیروی روحانی، یک ذره جسمانی خلق کرد، که آن شروع به رشد کرد. این، همان لحظه بیگ بنگ Big Bang، یا انفجار بزرگ، در فیزیک مدرن است.

به خاطر داشته باشید که وقتی کبالیست ها در مورد دنیای روحانی و دنیای فیزیکی صحبت می کنند، آنها به کیفیت های نوعدوستانه و خودپرستانه اشاره میکنند. آنها، هیچ وقت به دنیاهایی که فضاهای فیزیکی را اشغال میکنند و ممکن است در جهان های تابحال کشف نشده باشند اشاره نمی کنند .

ما نمی توانیم سوار یک کشتی فضایی بشویم، و برای مثال، به سمت دنیای یتزیرآ(یِتصیرا) پرواز کنیم، یا اینکه حتی، با تغییر رفتارمان، روحانیت را کشف کنیم. ما، تنها با نوعدوست شدن یا همانند خالق شدن میتوانیم آن را کشف کنیم، و هنگامی که این کار را بکنیم در می یابیم که خالق، از قبل، در درون ما بوده است و اینکه او همیشه اینجا و منتظر ما بوده است.

همه درجات ماقبل آخر، بدون آگاهی از وجود خودشان رشد میکنند. از نظر آگاهی شخصی مان، این حقیقت که ما وجود داریم به این معنا نیست که ما از وجود خودمان آگاه هستیم. قبل از اینکه ما، به مرحله چهارم برسیم، ما فقط

وجود داشتیم. به عبارت دیگر، ما زندگیمان را تا جای ممکن به راحتی انجام میدهیم. ما وجودمان را مسلم و قطعی در نظر میگیریم، بدون پرسشی درباره هدف آن.

اما آیا آن، واقعا اینقدر آشکار است؟ مواد معدنی، وجود دارند پس گیاهان می توانند از آنها تغذیه کرده و رشد کنند. گیاهان، وجود دارند پس حیوانات می توانند از آنها تغذیه کرده و رشد کنند. مواد معدنی، حیوانات و گیاهان وجود دارند پس انسان ها می توانند از آنها تغذیه و رشد کنند، اما پس هدف از وجود انسانها چیست؟ تمامی مراحل در خدمت ما انسان ها هستند، اما ما به چه چیزهایی یا چه کسی خدمت میکنیم؟ به خودمان یا خودپرستی مان؟ هنگامی که ما برای اولین بار این سوالات را می پرسیم، این، آغاز رشد هوشیاری و آگاهی مان است، یا همان پدیدار شدن خواست برای روحانیت، و این، "نقطه ای در قلب" نامیده می شود.

در آخرین درجه از رشد و تحول، ما شروع به فهمیدن پروسه ای میکنیم که خودمان قسمتی از آن هستیم. ما شروع به بدست آوردن منطق طبیعت میکنیم، هرچه بیشتر منطق آن را بفهمیم، بیشتر آگاهی خودمان را گسترش میدهیم، و با آن، جمع و ادغام میشویم. در پایان، هنگامی که ما، در منطق طبیعت، استاد شویم، خواهیم فهمید که طبیعت چگونه کار میکند و حتی چگونه بر آن تسلط داشته باشیم. این فرآیند، منحصراً، در آخرین مرحله رخ می دهد یعنی در مرحله صعود روحانی.

ما بایستی همیشه به خاطر داشته باشیم که مرحله نهایی از پیشرفت بشریت، بایستی آگاهانه و با خواست ما رخ دهد. بدون یک خواست صریح برای رشد روحانی، هیچ گونه تحول روحانی نمی تواند اتفاق بیفتد. و بعد از همه اینها، تحول روحانی از بالا به سمت پایین، از قبل، اتفاق افتاده است. ما، از میان

چهار فاز نور و دنیاهای پنج گانه آدم کادمون، آتزیلوت(آتصیلوت) بریعا، یتزیرا (یِتصیرا) و عاسیا پایین آورده شده ایم، و در نهایت، اینجا و در این دنیا قرار داده شده ایم.
اکنون، اگر بخواهیم که به سمت بالا، از نردبان روحانی، صعود کنیم بایستی انجام این کار را خودمان انتخاب کنیم. اگر فراموش کنیم که هدف خلقت اینست که مشابه خالق بشویم، آنگاه نخواهیم فهمید که چرا طبیعت، به ما کمک نخواهد کرد، و حتی گاهی اوقات، موانعی را در سر راه ما قرار خواهد داد.

از سوی دیگر، اگر ما، تنها هدف طبیعت را در ذهنمان نگه داریم احساس خواهیم کرد که زندگی هایمان، همانند سفرهای جذابی از اکتشاف و شکار یک گنج روحانی هستند. به علاوه، هرچه فعالتر در این تور سیاحتی زندگی، مشارکت کنیم، این اکتشافات، سریع تر و آسان تر به ما میرسند، و حتی از این هم بهتر، سختی ها ، به جای رنج هایی که در زندگی فیزیکی مان بایستی با آنها روبرو بشویم، همانند سوالاتی که بایستی جواب داده بشوند احساس خواهند شد. به همین دلیل است که رشد کردن با استفاده از آگاهی خودمان، خیلی بهتر است از رشد کردن تنها بعد از آنکه طبیعت، ما را در مسیر رنج وارد کند.
اگر ما، خواستی برای رشد روحانیت داشته باشیم آنگاه ما، کِلی Kli مناسبی برای آن داریم و هیچ احساسی، بهتر از یک کلی پر شده یا یک خواست ارضاء شده وجود ندارد.
اما خواست برای روحانیت، بایستی پیش تر از پر شدن روحانی وجود داشته باشد. آماده کردن کلی (ظرف یا خواست) برای دریافت نور، هم، تنها وسیله برای صعود در فاز چهارم است، و هم، تنها وسیله ای است که در آن هیچ

درد یا کمبودی وجود ندارد.

در حقیقت، اگر ما در موردش فکر کنیم هیچ چیزی طبیعی تر از آماده کردن کلی، در ابتدا، نیست. اگر من، بخواهم که آب بنوشم آنگاه آب همانند نور برای من است، یا همان لذت. به طور طبیعی، برای نوشیدن آب، من در ابتدا بایستی کلی را آماده کنم، که در این مورد، همان تشنگی هست، و همین شیوه، در مورد هرچیزی که میخواهیم در این دنیا دریافت کنیم به کار میرود. اگر یک ماشین جدید، نور برای من باشد آنگاه خواست آن، برای من همان کِلی من است. این کِلی باعث میشود که من برای این ماشین، کار کنم و مطمئن شوم که پولم را برای هوس های دیگرم صرف نمیکنم.

تنها تفاوت، بین یک کِلی روحانی و یک کِلی فیزیکی، در این است که من نمیدانم با یک کِلی روحانی، چه چیزی دریافت خواهم کرد. من ممکن است آن را به صورت چیزهای گوناگون تصور کنم، اما، چون سدی بین حالت کنونی من و هدفی که دارم وجود دارد، آنگاه من هرگز نمیتوانم واقعا بدانم هدف من واقعا شبیه چه چیزی خواهد بود تا وقتی که من حقیقتا به آن دست پیدا کنم. هنگامی که به آن دست پیدا کنم، آن بزرگتر است از هر چیزی که می توانستم تصور کنم، اما من هرگز نمی توانم مطمئن باشم که آن، چه قدر بزرگ است تا زمانی که حقیقتا به آن دست یابم. اگر من، پاداشم را از قبل می دانستم، آنگاه این تلاش، نوعدوستی واقعی نمی بود، بلکه تنها یک خودپرستی ، که تغییر قیافه داده است بود.

در پوست گردو

دنیای فیزیکی، به همان ترتیبی از مراحل رشد میکند که دنیای روحانی رشد میکند. یعنی از میان هرمی از خواست ها. در دنیای روحانی، خواست ها، با اسامی جامد، گیاه، جاندار، سخنگو، و روحانی، دنیاهای آدم کادمون، آتزیلوت(آتصیلوت)، بریآ(بریا) یتزیرا(یِتصیرا) و آسیا (عاسیا) را خلق میکنند. در دنیای فیزیکی، این خواست ها مواد معدنی، گیاهان، حیوانات، مردم و مردمی با "نقطه ای در قلب" را خلق میکنند.

دنیای فیزیکی، هنگامی که روح آدم هاریشون تکه تکه شد، خلق شد. در این حالت، همه خواست ها از سبک تا سنگین، از جامد تا روحانی، یک به یک شروع به پدیدار شدن کردند و دنیای ما را فاز به فاز و مرحله به مرحله خلق کردند.

امروزه، در ابتدای قرن بیست و یکم، همه درجات، از قبل، کامل شده اند، به جز خواست برای روحانیت، که اکنون رو شده و به سطح آمده است. وقتی که ما، آن را اصلاح کنیم، ما با خالق یگانه خواهیم شد، چون خواست ما برای روحانیت، در حقیقت، خواست برای یکی شدن با خالق است. این، اوج تحول دنیا و بشریت خواهد بود.

با افزایش خواست ما، برای بازگشت به ریشه روحانی مان، ما یک کِلی Kli روحانی میسازیم. نور احاطه کننده، این کلی را اصلاح کرده و آن را گسترش می دهد. هر مرحله تازه از پیشرفت، یک رِشیمو تازه را بیدار میکند، که آن، یک فرم ثبت شده ای از حالتی در گذشته است و ما از قبل آن را تجربه کرده ایم، هنگامیکه در بالاتر و اصلاح شده تر بودیم. سرانجام، نور احاطه کننده،

تمام کِلی را اصلاح میکند و روح آدم هاریشون دوباره با همه قسمت هایش و با خالق، یکی خواهد شد.

اما این پروسه، به یک سوال منجر میشود که آیا رِشیموت در درون من ثبت و ضبط می شوند، و اگر حالت ها در درون من بیدار و تجربه میشوند، پس واقعیت خارجی، در کجای همه اینها قرار میگیرد؟ اگر یک شخص دیگر، رِشیموت متفاوتی داشته باشد، ایا معنایش این است که آن شخص، در دنیای متفاوتی از دنیای من زندگی میکند؟ در مورد دنیاهای روحانی چطور؟ اگر همه چیز، تنها در درون من، وجود دارد پس آنها در کجا هستند؟ بعلاوه خانه خداوند و خالق کجاست؟ به مطالعه ادامه دهید در فصل بعدی به همه این سوالات جواب داده خواهد شد.

فصل ۵ - واقعیت چه کسی، واقعیت است؟

"تمام دنیاها، بالاتر و پایینتر،

در درون ما وجود دارند "

- یهودا اشلگ

در میان تمام مفاهیم غیرمنتظره در کبالا، هیچ چیزی، غیرقابل پیش بینی تر، غیرمنطقی تر و با این حال ژرف و فریبنده تر از مفهوم واقعیت وجود ندارد.
اگر به خاطر انیشتین و کوانتوم فیزیک نبود، که تحولی بزرگ در روشی که ما درباره واقعیت فکر میکنیم به وجود آوردند، ایده هایی که ما، در اینجا ارائه می کنیم مسخره و کم اهمیت به نظر می رسیدند .
در فصل قبل گفتیم که رشد، رخ میدهد چون خواست گرفتن لذت ما، از مرحله ریشه تا مرحله چهارم، پیشرفت میکند. اما اگر خواستهای ما هستند که تحولات دنیای ما را به جلو می برند، پس آیا دنیا، اصلا در بیرون از ما، وجود دارد؟ آیا دنیای پیرامون ما، می تواند تنها یک داستان و رویایی باشد که ما میخواهیم به آن باور داشته باشیم؟

ما گفته ایم که خلقت، از اندیشه خلقت، آغاز شد که چهار فاز اساسی نور را خلق کرد. این فازها، ده سفیروت را در بر میگیرند. کِتِر Keter یا فاز صفر_ خُخما Hochma یا فاز یک_ بینا Bina یا فاز دو _خِسِد Hesed، گِوورا Gevura ، تیفعِرِتTifferet، نتزا(نِتسَخ) Netzah، هود Hod و یِسود Yesod، که همه اینها فاز سوم یا زعیرآنپین Zeir Anpin را تشکیل می دهند و در آخر، مَلخوت Malchut یا فاز چهارم.

کتاب زوهر، کتابی که هر کبالیستی آن را مطالعه می کند، می گوید که تمام واقعیت، از ده سِفیروت، ساخته شده است. تنها تفاوت این است که آنها، چقدر عمیق، در درون ماده ما، یعنی خواست گرفتن، غوطه ور شده اند.
برای فهمیدن منظور کبالیست ها، وقتی می گویند که آنها در درون ماده ما غوطه ور میشوند، به این مثال فکر کنید: مثلا یک توپ که در درون یک

تکه ای از خشت یا نوع دیگری از خاک رس برای مدل سازی قرار گرفته است. این شکل توپ، یگ گروهی از ده سِفیروت را، نمایندگی می کند و خاک رس بیانگر ما یا روح های ما است. اکنون، شما توپ را عمیق تر به داخل خاک رس بفشارید، خود توپ تغییر نخواهد کرد، بلکه هر چه توپ عمیق تر در درون خاک رس غوطه ور شود، بیشتر خاک رس را تغییر می دهد.
حال وقتی این بازیگرها، گروهی از ده سِفیروت و یک روح باشند، آنگاه این چطور احساس خواهد شد؟ آیا شما هرگز به چیزی توجه کرده اید که همیشه دور و ور شما بوده است، اما یکدفعه یک ویژگی مشخص آن، توجه شما را به خود جلب کرده باشد؟ این مشابه احساس ده سِفیروتی است که یک کم بیشتر، در درون خواست گرفتن، غرق میشوند. به عبارتی ساده تر، هنگامی که ما یک دفعه چیزی را تشخیص می دهیم که قبلا آن را تشخیص نمی دادیم، آن، به دلیل کمی عمیق تر رفتن ده سِفیروت در درون خواست گرفتن ما است.

کبالیست ها، یک اسم برای خواست گرفتن دارند: آویوت Aviut. در حقیقت، آویوت به معنای "ضخامت" است و نه خواست! اما آنها از این عبارت استفاده می کنند چون هرچه خواست گرفتن بزرگتر باشد، لایه های بیشتری بر روی آن اضافه می شوند.

همانطوری که گفتیم خواست گرفتن، یا آویوت، از پنج مرحله اساسی تشکیل شده است، ۰، ۱، ۲، ۳، ٤. هنگامیکه ده سِفیروت، عمیق تر در درون این مراحل، یا لایه ها، از آویوت فرو می روند، آنها ترکیبات گوناگونی از خواست گرفتن با خواست دادن را تشکیل می دهند. این ترکیبات هر چیزی که وجود دارد را به وجود می آورند، یعنی هم دنیای روحانی، هم دنیای جسمانی، و هم هرچیزی که در درون آنها وجود دارد.

تغییرات در ماده ما، یعنی در خواست گرفتن ما، کِلیم Kelim (جمع کِلی Kli)، یا ابزارهای درک ما را خلق میکنند. به عبارتی دیگر، هر شکلی، عطری، رنگی، اندیشه ای، و هر چیزی که وجود دارد، به این علت است که در درون من، یک کِلی مناسب، برای درک آن هست.

درست همانطوری که ذهن های ما، از حروف الفبا برای مطالعه آنچه این دنیا برای ارائه دارد استفاده میکند، کِلیم ما، از ده سفیروت، برای مطالعه آنچه دنیاهای روحانی ارائه می کنند استفاده می کنند و درست همانطور که ما این دنیا را تحت محدودیت ها و قوانین معینی مطالعه می کنیم، برای مطالعه دنیاهای روحانی نیز نیاز داریم تا قوانینی را که این دنیا ها را شکل می دهند بشناسیم.

هنگامی که ما چیزی را، در دنیای فیزیکی، مطالعه می کنیم بایستی از قوانین مشخصی پیروی کنیم. برای مثال برای اینکه چیزی، حقیقت، در نظر گرفته شود، آن، بایستی به طور تجربی آزمایش بشود. اگر آزمایش ها نشان دهند که این ایده، کار میکند، آنگاه آن، درست، درنظر گرفته میشود. تا اینکه کسی با آزمایش یا کلمات نشان دهد که آن ایده، دیگر کار نمیکند. قبل از اینکه چیزی آزمایش بشود آن فقط یک تئوری محض است.

دنیاهای روحانی، مرزها یا محدودیت هایی هم دارند. اگر بخواهیم دقیق تر باشیم سه مرز برای آنها وجود دارد. حال اگر ما بخواهیم که به هدف خلقت بازگردیم و مشابه خالق بشویم بایستی به این مرزها بچسبیم.

سه مرز، در آموختن کبالا

مرز اول: آنچه ما درک میکنیم

در مقدمه ای بر کتاب زوهر، کبالیست یهودا آشلاگ می نویسد که چهار دسته از درک وجود دارد: ماده، فرم در ماده، فرم انتزاعی، و ذات. هنگامی که طبیعت روحانی را امتحان میکنیم، کار ما، این است که تصمیم بگیریم کدام یک از این دسته ها، برای ما اطلاعات معتبر و قابل اتکایی فراهم می کند و کدام یک این کار را نمیکند.کتاب زوهر، تنها دو مورد اول را توضیح میدهد. به عبارت دیگر، هر تک کلمه ای در آن، از نقطه نظر ماده و یا فرم در ماده، نوشته شده است، و حتی یک کلمه نیز، در مورد فرم انتزاعی یا ذات، وجود ندارد.

مرز دوم: جایی که ما درک می کنیم

همانطوری که قبلا گفتیم، ماده دنیاهای روحانی، "روح آدم هاریشون" گفته میشود و بدین گونه بود که دنیاهای روحانی خلق شدند. همچنین، ما از قبل، از خلقت این دنیاها گذر کرده ایم و در مسیر خودمان به سوی مراحل بالاتر هستیم، اگرچه ما، همواره آن را احساس نمی کنیم.

در حالت کنونی مان، روح آدم، از قبل، تکه تکه شده است. زوهر به ما می آموزد که اکثریت بسیاری از این تکه ها، و اگر با دقت بگوییم در حدود نود و نه درصد آنها، در دنیاهای بریآBeria ، یتزیرآ(پتصیرا) Yetzirah، و

اسیا(عاسیا)Assia ، که برای اختصار BYA گفته میشوند، پراکنده شده اند و بقیه یک درصد، به آتزیلوت(اتصیلوت) صعود کرده اند.

چون روح آدم، محتوای دنیاهای BYA را تشکیل می دهد، و در سرتاسر این دنیاها، پراکنده شده است، و چون همه ما، تکه هایی از آن روح هستیم، آشکارا، هرچیزی را که ما درک و دریافت می کنیم، می تواند تنها قسمت هایی از این دنیاها باشد. هر چیزی را که ما احساس میکنیم، وقتی که آنها از دنیاهای بالاتر از BYA بیایند، یعنی از آتزیلوت(آتصیلوت) و آدم کادمون آمده باشند، بر این اساس، برای ما، غیر دقیق خواهند بود. خواه آن، برای ما، اینگونه به نظر برسد یا نه. تمام آنچه ما میتوانیم از دنیاهای آتزیلوت(آتصیلوت) و آدم کادمون درک کنیم، بازتاب هایی از آنها هستند که از فیلتر های دنیاهای BYA گذشته باشند.

دنیای ما، در پایین ترین درجه از دنیاهای BYA قرار دارد. در حقیقت، این درجه، در طبیعت خود، کاملا نسبت به بقیه دنیاهای روحانی متضاد است. به همین دلیل، ما آنها را احساس نمی کنیم. این همانند آن است که دو نفر پشت به پشت یکدیگر ایستاده باشند و در جهت های متضاد در حرکت باشند. آیا در این صورت، آنها هیچ شانسی برای دیدن هم دارند؟!

اما هنگامی که ما، خود را اصلاح میکنیم، کشف میکنیم که ما از قبل، در درون دنیاهای BYA زندگی کرده ایم. سرانجام، ما همراه با آنها به آتزیلوت(آتصیلوت) و آدم کادمون صعود می کنیم.

مرز سوم: کسی که درک می کند

حتی اگر چه زوهر، به درون جزییات زیادی در مورد محتوی هر دنیا و آنچه در آنجا رخ میدهد وارد میشود، انگار یک مکان فیزیکی وجود دارد جایی که این اتفاقات در آن رخ میدهند. اما در حقیقت، آن تنها به تجربه روح ها اشاره میکند. به عبارتی دیگر، آن به نحوه ای که کبالیست ها آن چیزها را درک میکنند، مربوط می شوند و آن را به گونه ای به ما میگویند که ما هم بتوانیم آنها را تجربه کنیم. بنابراین، هنگامی که ما در زوهر، در مورد اتفاقاتی که در دنیاهای BYA رخ میدهند میخوانیم، در حقیقت، یاد میگیریم که چطور رَبی شیمعون بَریوخای، مولف کتاب زوهر، حالت های روحانی را درک کرده است، طوری که توسط فرزندش، رابی آبا، بیان شده است.

همچنین وقتی کبالیست ها، در مورد دنیاهای بالاتر BYA توضیح میدهند، در حقیقت، آنها در مورد آن دنیاها مشخصا نمینویسند بلکه آنها، در مورد این می نویسند که چگونه خود نویسنده ها، آن دنیاها را، وقتی در آنجا بودند تجربه کردند. و چون کبالیست ها در مورد تجربیات شخصی شان می نویسند پس تفاوت ها و شباهت هایی در نوشته های کبالیستی وجود دارند. بعضی از چیزهایی که آنها می نویسند به ساختار کلی دنیاها، مانند اسامی سِفیروت و اسامی دنیاها، مربوط می شوند و چیزهای دیگر به تجربه های شخصی ای که آنها در این دنیاها دریافت میکنند مربوط میشوند.

برای مثال، اگر من با دوستم، در مورد سفر به نیویورک حرف بزنم، ممکن است من در مورد میدان تایمز، پل های عظیمی که منهتن را به مینلند وصل میکنند حرف بزنم. و همچنین من ممکن است در مورد این صحبت بکنم که

چقدر وقتی داشتم در پل عظیم بروکلین رانندگی میکردم یا هنگام ایستادن در میدان اصلی تایمز و فراگرفته شدن در میان نور خیره کننده، رنگ و صدا، همراه با یک احساس گمنامی کامل، احساس سردرگمی میکردم. تفاوت بین دو مثال اولی، با دو مثال دومی، در اینست که در دومی ها، من گزارشی از تجربیات شخصی خودم ارائه می کنم اما در دوتای اول من در مورد دریافت هایی صحبت میکنم که هر کسی که در منهتن باشد تجربه خواهد کرد.

هنگامی که ما، در مورد مرز اول صحبت کردیم، گفتیم که زوهر، تنها از نقطه نظر ماده و فرم در ماده، صحبت میکند. ما گفتیم که ماده همان "خواست گرفتن" است و فرم در ماده، در حقیقت، نیتی است که برای آن خواست گرفتن میگیرد. مثلا برای خاطر خودم یا دیگران. به عبارتی ساده تر: خواست گرفتن = ماده، نیت = فرم.

لازم است به خاطر داشته باشیم که کتاب زوهر، نباید همانند یک گزارشی از اتفاقات عرفانی، یا مجموعه ای از داستانها، در نظر گرفته شود. زوهر، مانند تمام کتاب های کابالیستی، مثل یک وسیله آموزشی باید استفاده بشود. یعنی این کتاب، به شما کمک خواهد کرد، تنها اگر شما هم بخواهید آنچه آن توضیح میدهد را خودتان تجربه کنید. در غیر اینصورت، کتاب، کمک کمی به شما خواهد کرد و شما آن را درک نخواهید کرد.

به یاد داشته باشید فهم متون کبالیستی، بستگی به نیت شما دارد هنگامی که آن را می خوانید. یعنی بستگی به این دارد که به چه دلیلی آنها را باز میکنید و نه به قدرت هوشی شما. تنها اگر شما، بخواهید به کیفیت های نوع دوستانه ای که متن توضیح می دهد تغییر پیدا کنید، تنها آنگاه متن روی شما تاثیر میگذارد.

فرم بخشش، به خودی خود، "دنیای آتزیلوت"(آتصیلوت) نامیده میشود. بخشش، در فرم انتزاعی خودش، ویژگی خالق است. آن، کاملا نامربوط با مخلوقات است چون آنها دریافت کننده هستند. با این وجود، مردم میتوانند خواست گرفتن خودشان را در درون شکلی از بخشش بپیچند، و اینگونه آن، شبیه بخشش میشود. به عبارتی دیگر، ما می توانیم بگیریم و با انجام آن، به شکل ویژه ای، به دهنده تبدیل شویم.

دو دلیل وجود دارد که ما نمی توانیم بدهیم:

۱. برای دادن، بایستی کسی وجود داشته باشد که بخواهد بگیرد. با این وجود، در کنار ما، یعنی روح ها، تنها خالق وجود دارد، که هیچ نیازی برای دریافت کردن ندارد. چون طبیعت او بخشیدن است. بنابراین بخشیدن، گزینه مناسبی برای ما نیست.

۲. ما، هیچ خواستی برای آن نداریم. ما نمی توانیم بدهیم چون ما از جنس گرفتن ساخته شده ایم و گرفتن، ماده ما و ذات ما است.

با این حال، دلیل دومی، پیچیده تر از آن است که ابتدا به نظر میرسد. وقتی کبالیست ها، می نویسند که همه آنچه ما میخواهیم، گرفتن است منظورشان این نیست که همه آنچه ما، انجام میدهیم گرفتن است، بلکه آن انگیزه اساسی ما است در پشت آن کاری که انجام میدهیم. آنها، این موضوع را با عبارات ساده ای بیان می کنند: "اگر آن کار، به ما لذت ندهد ما نمی توانیم آن کار را انجام دهیم."

آنگاه ما نه تنها نمی خواهیم که انجامش دهیم، بلکه مشخصاً نمی توانیم انجام دهیم. دلیلش آن است که خالق، یا طبیعت، ما را تنها با یک خواست گرفتن خلق کرد، چون تمام آنچه او میخواهد دادن است. بنابراین، ما نیاز نداریم که

اعمالمان را تغییر دهیم، بلکه تنها انگیزه اصلی پشت آنها باید تغییر کند.

درک واقعیت

عبارتها یا کلمات بسیار برای توضیح "فهمیدن" استفاده میشود. برای کبالیست ها، عمیق ترین مرحله فهمیدن، "دست پیدا کردن" نامیده میشود. وقتی آنها، دنیاهای روحانی را مطالعه میکنند. هدفشان این است که به دستیابی روحانی برسند. دستیابی، به چنان فهم عمیق و کاملی از درک شونده، اشاره میکند که هیچ سوالی باقی نمی ماند. کبالیست ها می نویسند که در انتهای رشد و تحول بشریت، همه ما در مرحله ای که "برابری در فرم" نامیده میشود، به خالق دست پیدا میکنیم.

برای رسیدن به آن هدف، کبالیست ها به دقت تعریف کردند که کدام یک از قسمت های واقعیت را ما باید مطالعه کنیم و کدام یک را نباید. برای تعیین این دو مسیر، کبالیست ها یک اصل بسیار ساده ای را دنبال کردند: اگر آن، به ما کمک کند که سریعتر و دقیقتر یاد بگیریم، ما باید آن را مطالعه کنیم و اگر آن کمک نکند، ما باید به آن اعتنا نکنیم.

کابالیست ها در کل، و کتاب زوهر به طور ویژه، به ما هشدار میدهند که تنها آن قسمتهایی را مطالعه کنیم که میتوانیم با دقت کامل درک کنیم. هرجایی، که حدس زدن در کار باشد، ما نباید وقت خود را تلف کنیم، چون دستیابی ما، مورد شک خواهد بود.

کبالیست ها همچنین میگویند که چهار دسته از درک کردن وجود دارد: . ماده، فرم در ماده، فرم انتزاعی، و ذات. ما، تنها می توانیم دو مورد اول را با یقین درک کنیم. به همین دلیل، تمام چیزی که زوهر در موردش می نویسد

خواست ها، یا ماده، است و اینکه چطور ما از آنها استفاده کنیم: خواه برای خودمان یا برای خالق.

کابالیست پهودا آشلاگ می نویسد: اگر خواننده نداند که چطور در مورد مرزها محتاط باشد، و موضوعات خارج از چهار چوب را وارد بحث کند، او فوراً گیج خواهد شد. اگر ما خودمان را به مطالعه ماده و فرم در ماده محدود نکنیم، این گیج شدن رخ خواهد داد.

ما بایستی بفهمیم که چیزی به شکل "ممنوعیت" در روحانیت وجود ندارد. وقتی کابالیست ها چیزی را به عنوان قدغن بیان می کنند معنایش این است که آن، غیر ممکن است. وقتی آنها میگویند که ما نباید فرم انتزاعی و ذات را مطالعه کنیم، معنایش این نیست که اگر ما این کار را بکنیم با رعد و برق زده خواهیم شد بلکه معنایش این است که نمی توانیم این دسته ها را مطالعه کنیم، حتی اگر واقعا بخواهیم این کار را بکنیم.

پهودا آشلاگ برای توضیح اینکه چرا ذات، غیرقابل درک است از مثال الکتریسیته استفاده میکند. او میگوید که ما به روش های گوناگونی می توانیم از الکتریسیته استفاده کنیم: برای گرم کردن، خنک کردن، پخش موسیقی و تماشای ویدیوها. الکتریسیته می تواند در پوشش های بسیار زیادی قرار گیرد، اما آیا ما می توانیم "ذات" خود الکتریسته را توضیح دهیم؟

اجازه دهید از مثال دیگری استفاده کنیم برای توضیح چهار دسته: ماده، فرم در ماده، فرم انتزاعی، و ذات. هنگامی که ما میگوییم یک شخص معین قوی است، در حقیقت، به ماده شخص اشاره میکنیم، همان بدن او، و فرمی که ماده او را دربرمیگیرد یعنی قدرت.

اگر ما، فرم قدرت را از ماده، یعنی بدن شخص، حذف کنیم و فرم قدرت را جداگانه امتحان کنیم، یعنی بدون پوشش ماده، این بررسی فرم انتزاعی قدرت

خواهد بود. دسته چهارم، ذات یک شخص در خودش، کاملا غیر قابل دستیابی است. ما، خیلی ساده، هیچ حواسی برای "مطالعه" ذات و درک آن به شکلی قابل تصور نداریم. در نتیجه، ذات نه تنها آن چیزی است که ما الان آن را نمی شناسیم، بلکه هرگز آن را نخواهیم شناخت.

چرا آنقدر مهم است که تنها بر روی دو دسته اول تمرکز کنیم؟ دلیلش این است که هنگام سروکار داشتن با روحانیت ما نمیدانیم که چه هنگام سردرگم می شویم، بنابراین ما در همان جهت ادامه میدهیم و ناخواسته از حقیقت دورتر میشویم.

در دنیای مادی اگر من بدانم که چه چیزی می خواهم آنگاه میتوانم ببینم که آیا آن را دارم، یا بدست می آورم، یا نه. یا حداقل میدانم که در مسیر درستی برای بدست آوردنش هستم یا خیر. اما در مورد روحانیت، این حالت وجود ندارد. آنجا، هنگامی که اشتباه کنم نه تنها به چیزی که میخواهم نمی رسم، بلکه من درجه روحانیت کنونی ام را نیز از دست میدهم. نور کمرنگ میشود و من از جهت گیری دوباره خودم، به طور صحیح و بدون کمک راهنما، ناتوان خواهم شد. به همین دلیل، بسیار مهم است سه مرز گفته شده در بخش قبلی را بفهمیم و آنها را دنبال کنیم.

واقعیتی که وجود ندارد

اکنون که ما میفهمیم چه چیزی را بایستی مطالعه کنیم و چه چیزی را نه، اجازه دهید ببینیم چه چیزی را از طریق حواسمان می توانیم مطالعه کنیم. چیزی که در مورد کابالیست ها وجود دارد این است که آنها "زیر هر سنگی را چک میکنند" یهودا آشلگ، کسی که کل واقعیت را مورد بررسی قرار داد

تا بتواند در مورد آن با ما صحبت کند، می نویسد: ما نمیدانیم چه چیزی در بیرون از ما وجود دارد. برای مثال، ما هیچ ایده ای در مورد اینکه چه چیزی خارج از گوش هایمان وجود دارد نداریم، یا اینکه چه چیزی باعث میشود که پرده گوش ما، واکنش نشان دهد. تمام آنچه که میدانیم واکنش خودمان به محرکی است که خارج از ماست.

حتی اسامی ای که ما به پدیده ها نسبت میدهیم، به خود پدیده ها مرتبط نیستند، بلکه آنها، به واکنش ما به پدیده ها مرتبط اند. به احتمال زیاد، ما از بسیاری چیزها که در دنیا رخ میدهد، نا آگاه هستیم. آنها بدون توجه به حواس ما میتوانند از کنار ما عبور کنند. چون ما تنها به پدیده هایی که می توانیم درک کنیم مرتبط هستیم. به همین دلیل، کاملا آشکار است که چرا ما نمیتوانیم ذات هیچ چیزی را در بیرون از خودمان، درک کنیم. ما تنها می توانیم واکنش های خودمان به آنها را مطالعه کنیم.

این قانون درک، نه تنها در مورد دنیاهای روحانی به کار میرود، بلکه آن قانونی برای همه طبیعت است. ارتباط با واقعیت، به این ترتیب، فوراً باعث میشود تا ما تشخیص دهیم آنچه می بینیم، آن چیزی نیست که در حقیقت وجود دارد. فهم این مطلب، برتر از رسیدن به رشد روحانی است.

هنگامی که ما، واقعیت مان را مشاهده میکنیم، شروع به کشف چیزهایی میکنیم که هرگز از آنها آگاه نبوده ایم. ما چیزهایی را که در درونمان رخ میدهد طوری تفسیر میکنیم انگار که آنها در بیرون از ما اتفاق افتاده اند. ما، منابع حقیقی اتفاقاتی را که تجربه می کنیم، نمی شناسیم اما "احساس میکنیم" که آنها در بیرون از ما اتفاق می افتد. با این وجود، هرگز نمی توانیم در این مورد، مطمئن باشیم.

برای اینکه به طور صحیحی با واقعیت روبرو شویم، نباید فکر کنیم که آنچه که درک می کنیم، تصویر واقعی است. تمام آنچه که ما درک میکنیم این است که چگونه اتفاقات یا فرم ها، بر روی درک ما، یا ماده ما، تأثیر میگذارند. به علاوه، آنچه که ما درک میکنیم، بیرون، یا تصویر عینی، نیست بلکه آن، واکنش خودمان به آن اتفاق است. ما حتی نمی توانیم بگوییم که تا چه حدی فرم هایی که احساس میکنیم، به فرم های انتزاعی که به آنها برچسب میزنیم، متصل هستند. به عبارتی دیگر، وقتی ما یک سیب قرمز را به رنگ قرمز می بینیم به این معنا نیست که آن، در حقیقت، قرمز است.

در حقیقت، اگر شما از فیزیکدان ها بپرسید، آنها به شما میگویند که تنها بیان حقیقی که شما میتوانید در مورد یک سیب قرمز داشته باشید این است که آن قرمز نیست. اگر شما به یاد داشته باشید که چگونه "مَساخ"، با پرده کار میکند، شما میدانید که آن چیزی را دریافت میکند که میتواند برای خاطر خالق، دریافت کند و بقیه را رد میکند و نمی پذیرد.

به طور مشابهی، رنگ یک شئ، به وسیله امواج نوری تعیین می شود که شئ نورانی نمی تواند جذب کند. ما رنگ خود شئ را نمی بینیم، بلکه رنگی یا نوری که شئ بازتاب می دهد را می بینیم. رنگ واقعی شئ، نوری است که آن جذب کرده است. اما چون آن نور، جذب شده است پس آن نمیتواند به چشم ما برسد، و بنابراین، ما نمیتوانیم آن را ببینیم. بنابراین رنگ واقعی سیب سرخ، هرچیزی است به غیر از قرمز.

آشلگ، در "مقدمه ای بر کتاب زوهر"، در مورد ناتوانی ما در درک ذات چنین می نویسد: میدانیم که آنچه را که نمی توانیم احساس کنیم نمی توانیم تصور هم کنیم. در نتیجه تفکر، به هیچ وجه، هیچ درکی از ذات ندارد.

به عبارتی دیگر، چون ما نمیتوانیم یک ذات، یا هر ذاتی را، احساس کنیم پس

نمی توانیم آن را درک کنیم. اما مفهومی که بیشتر دانش آموزان کبالا، وقتی آنها مقدمه اشلاگ را برای اولین بار مطالعه میکنند، را گیج میکند این است که ما، در مورد خودمان، چقدر کم می دانیم. اشلاگ در این باره چنین می نویسد: به علاوه ما حتی ذات خودمان را هم نمی شناسیم. من احساس میکنم و میدانم که فضای مشخصی در دنیا اشغال میکنم. جامد، و گرم هستم و فکر میکنم و دیگر چنین آشکارسازی هایی در مورد ذات خودمان. اما اگر شما، در مورد ذات خودم، بپرسید من نمیدانم که چه جوابی به شما بدهم

مکانیزم اندازه گیری

اجازه دهید به مسئله درک خودمان، از زاویه دیگری، یعنی دیدگاهی مکانیکی تر، نگاه کنیم. حواس ما ابزار های اندازه گیری هستند. آنها، هر چیزی را که درک میکنند اندازه گیری می کنند. وقتی ما صدایی را میشنویم، تعیین میکنیم که بلند یا پایین است. وقتی ما چیزی را میبینیم، تعیین میکنیم که چه رنگی دارد. وقتی چیزی را لمس می کنیم، فورا می فهمیم که آن گرم یا سرد، خشک یا خیس است.

تمام ابزارهای اندازه گیری به طور مشابهی عمل میکنند. به یک ترازو با یک وزنه یک کیلوگرمی بر روی آن فکر کنید. مکانیزم وزن کردن سنتی بر اساس فنری که متناسب با وزنه کش می آید کار میکند و یک خط کش که میزان کشش فنر را اندازه گیری میکند. هنگامی که فنر از کشیده شدن باز می ایستد و در یک نقطه معین می ایستد، شماره های بر روی خط کش، به وزن اشاره میکند. در حقیقت ما وزن را اندازه گیری نمیکنیم، بلکه عدد بین

تعادل فنر و وزنه را میخوانیم. (شکل شماره ٦)

به همین دلیل، کبالیست آشلاگ می گوید

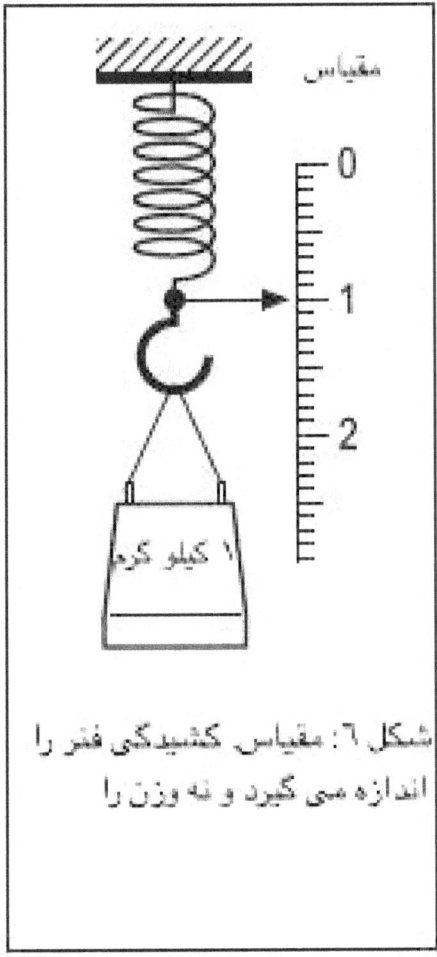

شکل ٦: مقیاس، کشیدگی فنر را اندازه می گیرد و نه وزن را

که ما نمیتوانیم فرم انتزاعی، یعنی شئ به خودی خودش، را درک کنیم. چون

ما، مطلقاً، هیچ ارتباطی با آن نداریم. اگر ما فنری را بر روی آن قرار دهیم تا اثر خارجی را اندازه گیری کنیم، آنگاه ما نتیجه ای را بدست خواهیم آورد. اما اگر ما، نتوانیم اندازه گیری کنیم که چه چیزی در خارج رخ می دهد، همانند این است که هیچ چیزی رخ نمی دهد. به علاوه، اگر ما یک فنر معیوب را برای اندازه گیری یک محرک به کار ببریم، نتیجه غیر صحیحی را بدست خواهیم آورد. این، همان چیزیست که وقتی پیرتر میشویم رخ میدهد چون حواس ما، کارایی قبلی خود را نخواهند داشت.

به عبارتی روحانی، دنیای خارج، فرم های انتزاعی، مثل وزن، را برای ما پدیدار می کند. با استفاده از فنر و خواندن شماره (خواست گرفتن و نیت بخشیدن) ما اندازه میگیریم که چه مقدار از فرم انتزاعی را می توانیم دریافت کنیم. اگر ما، میتوانستیم پیمانه ای بسازیم که بتواند خالق را اندازه گیری کند، آنگاه میتوانستیم همانطوری که این دنیا را احساس میکنیم، او را نیز حس کنیم. خوب چنین پیمانه ای وجود دارد و آن "حس ششم" نامیده می شود.

حس ششم

اجازه دهید این بخش را با کمی تخیل شروع کنیم. تصور کنید ما در یک فضای تاریک هستیم، یک سیاهی مطلق، و هیچ چیزی را نمیتوانیم ببینیم، بشنویم، ببوییم، هیچ طعمی وجود ندارد، و هیچ چیزی در بیرون ما وجود ندارد که ما بتوانیم آن را لمس کنیم. حال تصور کنید که در یک همچین فضایی، برای مدت طولانی بمانیم تا اینکه اصلا فراموش کنیم که چنین حس هایی داشته ایم که می توانستند چنین چیزهایی را احساس کنند. سرانجام، ما حتی

فراموش میکنیم که چنین حواسی حتی میتوانستند وجود داشته باشند.
یک دفعه، عطری کم بو پدیدار میشود. آن، قویتر شده و شما را می بلعد. اما شما نمیتوانید سرچشمه آنرا مشخص کنید. سپس عطرهای بیشتری پدیدار میشود که بعضی قویترند، بعضی ضعیف تر و بعضی ترش یا شیرین. با استفاده از آنها، شما اکنون میتوانید راهتان را در جهان پیدا کنید. عطرهای مختلف، از جاهای مختلفی می آیند و شما میتوانید با دنبال کردن آنها، راه خودتان را در جهان پیدا کنید.

سپس، بدون هیچ پیش درآمدی، صداها به گوش شما میرسد. صداها، کاملا متفاوت هستند، بعضی همانند موسیقی، بعضی همانند کلمات، و بعضی فقط طنین هستند. این صداها جهت گیری دیگری را به شما میدهند.

اکنون شما میتوانید فاصله ها و همچنین جهت ها را اندازه گیری کنید. شما، همچنین میتوانید منشأ بوها یا صداهایی که دریافت می کنید را حدس بزنید. دیگر آن فضای تهی، که شما در آن بودید، وجود ندارد بلکه آن فضاییست پر از صداها و بوها.

بعد از مدتی، یک آشکارسازی دیگر رخ میدهد، هنگامی که شما چیزی را لمس میکند، کمی بعد، شما چیزهای بیشتری پیدا میکنید که میتوانید آنها را لمس کنید. بعضی سرد، بعضی گرم، بعضی نرم و بعضی از آنها را شما نمی توانید بگویید که کدام یکی هستند. سپس شما درک میکنید که بعضی از اشیا که لمس می کنید را میتوانید در درون دهانتان قرار دهید و اینکه آنها طعمهای متمایزی دارند.

تا این لحظه، شما در دنیایی از بوها، صداها، ملموس ها، و طعمها زندگی میکنید. شما میتوانید اشیا را در این جهان، لمس کنید و همچنین میتوانید محیط

تان را مطالعه کنید.

این، همان دنیای انسان کور مادرزاد است. اگر شما جای آن بودید، آیا احساس می کردید که به حس بینایی نیاز دارید؟ آیا شما میدانستید که اصلا این حس را ندارید؟ هرگز. مگر اینکه، شما این حس را از قبل داشته بوده اید.

همین رویه، در مورد "حس ششم" وجود دارد. ما هرگز حتی داشتن آن را به یاد نمی آوریم. اگرچه همه ما، آن را، از قبل از تکه تکه شدن "آدم هاریشون"، که همه ما قسمتهایی از آن هستیم، داشته ایم.

حس ششم، بسیار شبیه به حواس پنجگانه ما عمل میکند، با این تفاوت، که حس ششم بوسیله طبیعت به ما داده نمیشود، بلکه ما بایستی آن را ایجاد کنیم. در حقیقت، نام حس ششم، کمی گمراه کننده است، چون ما، در حقیقت، یک حس دیگر را تجربه نمی کنیم بلکه ما یک "نیت" ایجاد میکنیم.

فرآیند ایجاد و ساخت این نیت، بر روی هر خواستی که احساس می کنیم، چیزی است که ما را، از کسی که هستیم آگاه میکند، همچنین از اینکه خالق کیست؟ و اینکه آیا ما میخواهیم شبیه او باشیم یا نه؟ تنها وقتی که دو گزینه، در مقابل ما، وجود داشته باشد، می توانیم یکی را انتخاب کنیم، و یک انتخاب واقعی داشته باشیم. بنابراین، خالق ما را مجبور میکند که شبیه او، نوعدوست، باشیم بلکه به ما نشان میدهد که ما کی هستیم، او که هست، و سپس به ما حق انتخاب آزاد خودمان را میدهد. هنگامی که ما انتخابمان را انجام دهیم، مردمانی میشویم که قصد داریم شبیه خالق باشیم یا شبیه او نباشیم.

پس، چرا ما نیت بخشیدن را، حس ششم می نامیم؟ چون با داشتن نیتی همانند آنچه که خالق دارد، ما شبیه خالق میشویم. یعنی ما، نه تنها نیت مشابهی داریم، بلکه "برابری در فرم" با او را ایجاد کرده ایم. چیزهایی را میبینیم و درک میکنیم که در غیر اینصورت، درک نمی کردیم و یا نمی توانستیم درک کنیم.

ما، در حقیقت، شروع به دیدن از دیدگاه چشمان خالق میکنیم.

هرجایی که یک راه وجود دارد، یک خواست وجود داشته است. در فصل اول، گفتیم که مفهوم کِلی Kli یا ظرف، و اور Ohr یا نور، بدون شک مهمترین مفهوم در دانش کبالا است. درحقیقت، از بین کِلی و اور، اولی برای ما مهمتر است، اگرچه دستیابی به دومی، هدف واقعی است. اجازه دهید آن را، با یک مثال، روشن تر کنیم در فیلم:

"what the bleep do we know"

دکتر پرت کاندنس توضیح میدهد که اگر فرم مشخصی، در درون من، وجود نداشته باشد من نخواهم توانست که آن را در بیرون ببینم. به عنوان مثال، او اشاره میکند به بومیانی که در ساحل اقیانوس ایستاده اند و به ناوگان کولومبوس، کاشف قاره آمریکا، که از راه میرسید نگاه میکردند. او میگوید باور معمول اینست که بومیان، اگرچه به طور مستقیم به آنها نگاه می کردند، اما نمی توانستند که کشتی ها را ببینند.

دکتر پرت توضیح داد که بومیان، به این دلیل نمیتوانستند کشتی ها را ببینند چون آنها، مدل از قبل موجود مشابهی از کشتی ها را، در ذهنشان نداشتند. تنها کاهن بومیان، که در مورد موج های عجیب و غریبی که به نظر می رسید از هیچ کجا می آیند کنجکاو شده بود، توانست کشتی ها را کشف کند. البته بعد از تلاش برای تصور اینکه چه چیزی می توانست باعث به وجود آمدن موج ها شده باشد. وقتی او کشتی ها را کشف کرد، به مردان قبیله اش

گفت، و آنچه را که او دیده بود به آنها توضیح داد و سپس آنها نیز می توانستند کشتی ها را ببینند.

به عبارت کبالیستی، آشکار کردن یک شی خارجی نیازمند یک کِلی درونی است. در حقیقت، کِلیم (جمع کلمه کِلی) نه تنها واقعیت خارجی را آشکار میکنند بلکه آن را خلق میکنند. بنابراین، ناوگان کولومبوس تنها در درون ذهن ها، یا کِلیم درونی بومیان، یعنی کسانی که آن را دیدند و گزارش دادند وجود داشت.

 اگر در جنگل، یک درخت پایین بیفتد و کسی در آن اطراف نباشد که آن را بشنود، آیا هنوز آن صدایی را ایجاد میکند؟

این ذن کوآن مشهور، که به نوع خاصی از معمای ذن گفته میشود میتواند با عبارات کبالیستی بیان بشود. اگر هیچ کلی وجود نداشته باشد که صدای درخت را آشکار کند، چطور میتوانیم بفهمیم که اصلا آن صدایی ایجاد کرده است. به طور مشابهی، ما میتوانیم کشف کولومبوس را به یک ذن کوآن تبدیل کنیم و بپرسیم: قبل از آن که کولومبوس آمریکا را کشف کند آیا آن اصلا وجود داشت؟

چیزی به عنوان دنیای خارجی وجود ندارد. خواست ها، یا کِلیم، هستند که دنیای خارجی را براساس شکل های خودشان خلق میکنند. در بیرون از ما، تنها، فرم انتزاعی وجود دارد، که همان خالق غیرقابل لمس و غیرقابل درک است. ما دنیای خودمان را از طریق شکل دادن ظرف های درک خودمان یا کِلی خودمان، شکل میدهیم.

به همین دلیل، اگر ما در برابر خالق دعا کنیم که به ما در بیرون رفتن از بدبختی ها کمک کند، یا دنیای اطراف ما را برای بهتر بودن تغییر دهد، آن

کمکی به ما نخواهد کرد. دنیا نه خوب است و نه بد. آن، بازتابی است از حالت کلیم خودمان. هنگامی که ما کِلیم خودمان را اصلاح می کنیم و آنها را زیبا می کنیم دنیا نیز زیبا خواهد شد. تیکون (اصلاح) در درون ما است و همینطور خالق. او، همان خود اصلاح شده ما است.

به همین ترتیب، برای یک جغد، شب هنگام در جنگل تاریک، بهترین زمان دیدن و بینایی است. برای ما، آن زمان، یک کوری سرد است. واقعیت ما، چیزی جز تصویر درونی کلیم ما نیست و آنچه ما دنیای واقعی می نامیم چیزی نیست به جز بازتابی از اصلاح یا فساد درونی مان. ما در یک دنیای تصوری و خیالی زندگی میکنیم.

اگر ما قصد داشته باشیم که از این دنیای تصوری، به بالاتر و دنیای واقعی یا درک حقیقی، صعود کنیم، بایستی خودمان را با مدل های حقیقی، هماهنگ کرده و مطابقت دهیم. در پایان روز، هر چه که ما درک میکنیم، براساس آرایش درونی ما خواهد بود، یا براساس طوری که ما این مدل ها را در درون خودمان میسازیم. هیچ چیزی برای کشف کردن در بیرون ما وجود ندارد، هیچ چیزی برای آشکار کردن وجود ندارد به جز نور بالاتر انتزاعی، که بر ما عمل میکند و تصاویر جدیدی را، البته براساس آمادگی ما، برای ما آشکار میکند.

اکنون، تمام آنچه که باقی میماند این است که بدانیم از کجا میتوانیم کِلیم اصلاح شده را پیدا کنیم؟ آیا آنها در درون ما وجود دارند یا اینکه ما بایستی آنها را بسازیم؟ و اگر ما بایستی آنها را بسازیم چطور می توانیم آن کار را بکنیم؟ و این بحث بخش های بعدی است.

اندیشه خلقت

کِلیم، بلوک های ساختمانی روح هستند، به عبارتی دیگر، خواست ها، مواد ساختمانی ما مثل چوب و آجر هستند، و نیت هایمان، ابزار ما مثل چکش و پیچ گوشتی هستند.

اما همانند ساختن یک خانه، ما نیاز داریم که قبل از آنکه کار را شروع کنیم، نقشه را بخوانیم. متاسفانه، خالق، یا همان طراح نقشه، میلی ندارد که نقشه را به ما بدهد. در عوض، او از ما میخواهد که طرح جامع روح هایمان را به طور مستقل مطالعه و اجرا کنیم. تنها از این طریق است که ما خواهیم توانست واقعا اندیشه او را بفهمیم و همانند او بشویم.

برای یادگیری اینکه او کیست، ما بایستی با دقت به آنچه که او انجام می دهد نگاه کنیم و یاد بگیریم که او را از طریق اعمالش بفهمیم. کبالیست ها، این را به طور خیلی مختصر چنین بیان می کنند: "با اعمال تو، ما تو را میشناسیم." خواست های ما، مواد خام روح، از قبل وجود دارند، او آنها را به ما داد و ما تنها بایستی یاد بگیریم که چطور به درستی از آنها استفاده کنیم و نیت های درستی، بر روی آنها، قرار دهیم. سپس، روح های ما اصلاح خواهند شد.

اما همانطوری که قبلا گفته ایم، نیت های درست، نیت های نوع دوستانه هستند. به عبارت دیگر، ما لازم است بخواهیم که خواست هایمان برای منفعت دیگران استفاده بشود، و نه برای منافع شخصی خودمان. با انجام این، در حقیقت، ما خود را به منفعت میرسانیم، چون ما همگی قسمت هایی از روح "آدم ها ریشون" هستیم. خواه ما خوشمان بیاید یا نه، آسیب زدن به دیگران، به خودمان باز میگردد، درست مانند یک بوم رنگ، که با همان زور و قدرت، به سوی پرتاب کننده خودش باز میگردد.

اجازه بدهید برای چند لحظه، یک یادآوری کوتاه داشته باشیم .یک کِلی اصلاح شده، Corrected Kli، یک خواستی است که با نیت های نوعدوستانه استفاده بشود و برعکس، یک کِلی خراب، خواستی است که با نیت های خودپرستانه استفاده شده باشد. با استفاده از یک کِلی به طور نوعدوستانه، ما از یک خواست، به همان شیوه ای که خالق عمل می کند استفاده می کنیم، و بنابراین، با او برابر خواهیم شد، حداقل در مورد آن خواست ویژه و مشخص. ما، اندیشه او را بایستی اینگونه مطالعه کنیم.

پس تنها مشکل، تغییر دادن نیت هایی است که با آنها، ما از خواست هایمان استفاده می کنیم. اما برای اینکه این موضوع، رخ بدهد، ما بایستی حداقل، یک روش دیگری برای استفاده از خواست هایمان را بشناسیم. ما نیاز داریم یک مثال، یا مدلی، از این که نیت های دیگر چطور به نظر میرسند یا به چه شبیه هستند داشته باشیم. به این ترتیب، ما حداقل می توانیم تصمیم بگیریم که آیا آن را می خواهیم یا نه. هنگامی که ما، هیچ روش دیگری برای استفاده از خواست هایمان را ندیده باشیم، آنگاه، در درون آن روشی که از قبل داریم به دام می افتیم و گیر میکنیم. در این حالت، ما چطور میتوانیم نیت های دیگری را پیدا کنیم؟ آیا این یک دام است، یا ما چیز دیگری را گم کرده ایم؟ کبالیست ها، توضیح میدهند که ما چیزی را گم نکرده ایم، و این یک دام است، اما آن، یک بن بست نیست. اگر ما مسیر رِشیموت مان را دنبال می کنیم، مثالی از یک نیت دیگر، خودش ظاهر می شود. حال اجازه دهید تا ببینیم که رِشیموت چه چیزهایی هستند و آنها چگونه به ما در بیرون رفتن از دام کمک می کند.

رِشیموت - بازگشت به آینده

رِشیموت، به تعبیری نه کاملا دقیق، رکوردها، یا ثبت شده ها، هستند یا باز_جمع آوری حالت های گذشته. هر رِشیمو، (مفرد کلمه رِشیموت) در یک روح، در مسیر روحانی خودش، تجربه میشود و در یک "بانک اطلاعاتی"، همه آنها جمع آوری میشود.

هنگامی که ما، میخواهیم از یک نردبان روحانی صعود کنیم، رِشیموت، دنباله یا زنجیره ای را تشکیل میدهد. هرچه سریعتر، ما یک رِشیمو را دوباره تجربه کنیم، سریعتر نیز، انرژی آن را گرفته و به مرحله بعدی در این راستا حرکت میکنیم، که همیشه جایی بالاتر در نردبان است.

ما نمیتونیم که ترتیب رِشیموت را تغییر دهیم، چون این ترتیب، در مسیر ما به سوی پایین تعیین شده است. اما ما می توانیم و باید، تعیین کنیم که با هر رشیمو چه کار خواهیم کرد. اگر ما منفعل باشیم، و خیلی ساده، منتظر بمانیم که آنها از ما عبور کنند، زمان زیادی خواهد برد تا اینکه به طور کامل آنها را تجربه کنیم، و قبل از اینکه این رخ دهد، آنها می توانند باعث رنج زیادی در ما بشوند. به همین دلیل، نگرش منفعل یا غیرفعال، "مسیر رنج" نامیده میشود.

از سوی دیگر، ما میتوانیم یک نگرش فعال، داشته باشیم: با تلاش برای روبرو شدن با هر رِشیمو، همانند یک روز دیگر در مدرسه، یعنی تلاش کنیم تا ببینیم که خالق چه چیزی می خواهد به ما آموزش بدهد. اگر ما، به سادگی، یادمان باشد که این دنیا، نتیجه ای از رخداد های روحانی است، این کافی خواهد بود تا گذر رِشیموت را به طور قابل ملاحظه ای سرعت بخشد. این نگرش فعال، "مسیر نور" نامیده میشود. چون اعمال مان، ما را به خالق، یا

به نور، متصل میکنند. به جای اینکه همانند نگرش منفعل، ما را به حالت کنونی مان متصل کنند.

در حقیقت، تلاش های ما نباید موفق بشوند، بلکه خود تلاش، کافی است. با افزایش خواست هایمان برای همانند خالق بودن، یعنی نوعدوست بودن، ما خودمان را به حالت های بیشتر و بالاتر روحانی متصل میکنیم.

پروسه پیشرفت روحانی، خیلی شبیه روشی است که بچه ها یاد می گیرند، و اساساً آن یک پروسه تقلید است. با تقلید کردن از رشد کرده ها یا افراد بالغ، و با شکلک در آوردن پیوسته، اگرچه آنها نمیدانند که چه کاری انجام میدهند، در درون بچه ها خواست گرفتن به وجود می آید.

توجه !آنچه که رشد آنها را تشویق میکند و به پیش می برد، آن چیزی که آنها می دانند نیست، بلکه آن، این حقیقت ساده است که آنها «میخواهند» بدانند. خواست دانستن و شناختن، کافی است که در آنها رِشیموی بعدی را بیدار کند.

اجازه دهید به آن از زاویه دیگری نگاه کنیم. در آغاز، اینکه آنها می خواستند بدانند، به این خاطر نبود که این انتخاب شخصی آنها است، بلکه دلیلش این بود که رِشیمو کنونی، انرژی اش تمام شده بود و رِشیموی بعدی در صف و در انتظار بود که خودش را بشناساند. بنابراین، برای اینکه بچه بتواند آن را کشف کند، رِشیمو، می بایست در بچه، یک خواست برای شناختن آن بیدار کند.

این، دقیقاً روشی است که رِشیموی روحانی بر روی ما کار میکند. ما، واقعاً، هیچ چیز تازه ای در این دنیا یا دنیای روحانی یاد نمیگیریم، بلکه ما خیلی ساده به سوی "بازگشتی در آینده" صعود می کنیم.

اگر ما بخواهیم که بیشتر "دهنده" باشیم، همانند خالق، آنگاه ما بایستی به طور پیوسته خود را آزمایش کنیم و ببینیم در درون تعریفی که برای روحانیت، یا نوعدوستی، داریم جای میگیریم یا نه. به این ترتیب، خواست ما برای بیشتر نوعدوست بودن، به ما کمک خواهد کرد که یک درک دقیق تر و ریزتری از خودمان، در مقایسه با خالق را گسترش دهیم و یاد بگیریم.

اگر ما نخواهیم که خودپرست باشیم، خواست هایمان، رِشیموتی را بیدار میکنند که به ما نشان خواهند داد بیشتر نوعدوست بودن، به چه معناست. هرگاه ما تصمیم بگیریم که نمیخواهیم از این یا آن خواست، به طور خودپرستانه، استفاده کنیم، رِشیموی آن حالت، کار خودش را انجام داده است و جابجا میشود، تا جا را برای رِشیموی بعدی باز کند. این تنها اصلاحی است که ما نیاز داریم انجام دهیم. کبالیست یهودا اشلاگ این اصل را چنین بیان میکند: "با تنفر از شر، یا خودپرستی، به صورت یک حقیقت جدی، آن اصلاح می شود".

و سپس او توضیح می دهد: "اگر دو نفر، به این تشخیص برسند که هر یک، درست آنچیزی که دوستش از آن متنفر است خودش نیز از آن متنفر است، و عاشق چیزها یا کسانی است که دوستش عاشقشان است، آنگاه آنها، به یک پیوند همیشگی میرسند همانند عهدی که هیچ وقت نمی شکند. بنابراین، چون خالق عاشق بخشیدن است، پایین تری ها نیز، باید خود را با خواستن تنها بخشیدن، متناسب کنند و وفق بدهند. خالق، همچنین، از اینکه یک گیرنده باشد متنفر است، چون او کاملا کامل است و به چیزی نیاز ندارد. بنابراین، بشر هم باید از گرفتن برای خودش متنفر شود. از آنچه که در بالا گفتیم نتیجه میگیریم که شخص، بایستی به تلخی، از خواست گرفتن برای خود، متنفر باشد. چون تمام تباهی ها در این دنیا، از خواست گرفتن برای خود ناشی میشود. از طریق این تنفر، شخص آن را اصلاح میکند."

بنابراین، به سادگی، با خواستن آن، ما رِشیموت خواست های بیشتر نوعدوستانه را بیدار می کنیم. آنها از قبل در درون ما وجود دارند، از زمانی که ما در روح "آدم هاریشون" به یکدیگر متصل بودیم. این رِشیموت، ما را اصلاح میکند و همانند خالق میکند. بنابراین همانطوری که در فصل اول گفتیم، خواست یا کِلی، هم موتور تغییر است و هم وسیله ای برای اصلاح. ما نیاز نداریم که خواست هایمان را سرکوب یا نابود کنیم، بلکه تنها بایستی یاد بگیریم که با آنها چگونه به صورتی مفید و بهره ور، کار کنیم، هم برای خودمان و هم برای دیگران.

در پوست گردو

برای درک صحیح ما نیاز داریم که خودمان را با سه مرزبندی هماهنگ کنیم:

۱. چهار دسته برای درک وجود دارد:

الف) ماده

ب) فرم در ماده

ج) فرم انتزاعی

د) ذات

ما تنها دو تای اولی را درک میکنیم.

۲. همه درک های من، در درون روح من، رخ میدهد، روح من، دنیای من است و دنیای خارج از من، چنان انتزاعی است که حتی نمی توانم با اطمینان بگویم که آیا آن وجود دارد یا نه.

۳. آنچه من درک میکنم، به تنهایی مال من است و نمیتوانم آن را به کس دیگری منتقل کنم. من نمی توانم به دیگران، در مورد تجربه های خودم، بگویم اما وقتی آنها، آن را تجربه میکنند آنها، یقیناً آن را به شیوه خودشان تجربه

خواهند کرد.

هنگامی که من چیزی را درک کنم، آن را اندازه میگیرم و تعیین میکنم که آن چیست، البته بر اساس کیفیت وسایل اندازه گیری که در درونم دارم. اگر وسایل و ابزار های من ناقص باشد، اندازه گیریهای من نیز، ناقص خواهد بود، و بنابراین، تصویری که من از دنیا دارم نیز ناقص خواهد بود.

در حال حاضر، ما دنیا را به وسیله حواس پنجگانه مان اندازه میگیریم. اما ما برای اندازه گیری آن به شیوه درست، به شش حس نیاز داریم. به همین دلیل ما از مدیریت دنیای مان به صورت سازنده، و ایجاد خوشحالی برای همه ناتوانیم.

در حقیقت، حس ششم، یک حس فیزیکی نیست بلکه یک "نیت" است. آن به اینکه چطور ما از خواست هایمان استفاده میکنیم مربوط می شود. اگر ما از آنها با نیت دادن به جای گرفتن استفاده کنیم، یعنی اگر ما از آنها به طور نوعدوستانه به جای خودپرستانه استفاده کنیم، آنگاه یک دنیای جدید و کامل را درک خواهیم کرد. به همین دلیل، نیت جدید، "حس ششم" نامیده میشود.

قرار دادن نیت نوعدوستانه، بر روی خواست هایمان، آنها را شبیه خواست های خالق میکند. این شباهت، "برابری در فرم" نامیده میشود. داشتن آن، به دارنده آن، همان درک و دانشی را اهداء میکند که خالق دارا است. به همین دلیل، تنها با حس ششم، یعنی نیت بخشیدن، ممکن است که واقعاً بدانیم چطور می توانیم خودمان را در این دنیا هدایت کنیم.

هنگامیکه یک خواست جدید، از راه میرسد آن، واقعاً تازه نیست، آن خواستی است که از قبل، در درون ما وجود داشته است و خاطره آن، در بانک اطلاعاتی ما یا رشیموت، ثبت شده است. زنجیره رشیموت، ما را به سمت بالای نردبان یا اندیشه خلقت، هدایت میکند و هرچه ما سریع تر از آن صعود

کنیم به طور خوشایند تر و با شتاب بیشتری به سرانجام سرنوشتمان دست پیدا خواهیم کرد.

رِشیموت، یک به یک ظاهر می شوند، با سرعتی که ما از طریق خواستمان برای صعود در روحانیت، تعیین میکنیم، چون آنها از آنجا سرچشمه گرفته اند. هنگامی که ما سعی میکنیم از هر رِشیمو یاد بگیریم و بفهمیم، انرژی آن، زودتر تخلیه می شود و حالت فهمیدن آن، که از قبل در درونمان وجود دارد، ظاهر میشود. هنگامی که ما یک رِشیمو را میفهمیم، آنگاه رِشیموی بعدی در صف، رو می شود. تا اینکه، سرانجام، همه رِشیموت تشخیص داده شده و مطالعه شده باشند و ما به انتهای اصلاح دست پیدا کرده باشیم.

فصل ۶ - راه (باریکی) به سوی آزادی

ممکن است برای شما یک سورپرایز باشد امّا همین الآن نیز، شما کمی دربارهٔ کبالا میدانید، اجازه دهید کمی به عقب برگردیم و مروری بکنیم: شما میدانید که کبالا حدود ۵۰۰۰ سال قبل در "مزوپتامیا"، یا عراق کنونی، شروع شد، آن، در نتیجهً اینکه مردم به دنبال هدف زندگیشان می گشتند کشف شد، آن مردم، دریافتند دلیل اینکه همهٔ ما متولّد شده ایم اینست که لذّت نهایی "شبیه خالق شدن" را دریافت کنیم، هنگامی که آنها این مطلب را کشف کردند، گروه های مطالعه را به وجود آوردند و شروع به انتشار آن نمودند.

آن کبالیست ها، به ما گفتند که تمام آنچه ما، از آن ساخته شده ایم "خواست گرفتن لذّت" است که آنها، آن را به پنج مرحلهٔ جماد، گیاه، حیوان، سخنگو، و روحانی تقسیم کردند. خواست گرفتن، بسیار مهم است چون همان موتوری است که در پشت تمامی کارهائی که ما در این دنیا انجام میدهیم، قرار دارد. به عبارت دیگر ما همیشه تلاش می کنیم که لذّت دریافت کنیم و هرچه بیشتر

داشته باشیم، بیشتر خواهیم خواست، در نتیجه ما همواره در حال رشد و تغییر هستیم.

بعداً ما یاد گرفتیم که خلقت، طی یک پروسهٔ چهار فازی به وجود آمد، جاییکه ریشه، که هم معنی با نور و خالق است، خواستِ گرفتن را خلق کرد، خواستِ گرفتن، سپس می خواست که ببخشد، و سپس تصمیم گرفت که به عنوان راهی برای بخشیدن، بگیرد، و در نهایت میخواست که دوباره بگیرد، امّا این بار، آن میخواست که دانش چطور مانند خالق بودن، یا بخشنده بودن، را دریافت کند.

بعد از این چهار فاز، خواست گرفتن به پنج دنیا و یک روح به نامِ "آدم هاریشون" تقسیم شد، آد ها ریشان، شکسته شد و سپس در دنیای ما، به صورت مادی درآمد. به عبارتی دیگر، همهٔ ما، در حقیقت، یک روح هستیم که به یکدیگر متصل و وابسته هستیم، همانند سلول های یک بدن. امّا هنگامیکه خواستِ گرفتن، رشد کرد ما بیشتر خودمحور شدیم و احساس یکی بودن را از دست دادیم. و در عوض، ما امروزه تنها خودمان را احساس می کنیم و حتّی اگر با دیگران ارتباطی برقرار می کنیم برای دریافت کردن لذت از طریق آنها انجام می شود.

این حالت خودپرستانه، "روح شکسته شدهٔ آدم هاریشون" نامیده شد و این، کار ما است که به عنوان قسمت هایی از آن روح، آن را اصلاح کنیم. در حقیقت، ما نبایست آن را اصلاح کنیم، بلکه باید آگاه باشیم که نمی توانیم لذت واقعی را، در حالت کنونی مان، احساس کنیم دلیلش این قانون است که: در خواست گرفتن، هنگامی که من آنچه را که میخوام، دارم، آنگاه من، دیگر آن را نمیخواهم. هنگامی که ما این مطلب را تشخیص بدهیم، شروع به یافتن راهی برای بیرون آمدن از این قانون می کنیم، که دام خودپرستی است.

از درون خودپرستی، به دنبالِ آزادی گشتن، منجر به پیدایشِ "نقطه ای در قلب" می شود، که همان خواستی برای روحانیت است. "نقطه ای در قلب"، مانند هر خواستِ دیگری است، که آن، از طریق تأثیر محیط افزایش و کاهش پیدا می کند. پس اگر بخواهیم خواست خودمان، برای روحانیت، را افزایش دهیم بایستی محیطی برای خودمان فراهم کنیم که روحانیت را تشویق و با ارزش می کند. این آخرین و مهم ترین فصل کتابِمان، درمورد اینست که برای داشتن یک محیط حامی روحانیت، در سطوح فردی، اجتماعی، و بین المللی چه کارهایی بایستی انجام شود.

تاریکی پیش از سپیده دم

تاریک ترین زمانِ شب، درست قبل از سپیده دم است. به طور مشابهی، نویسندگانِ کتاب "زوهر"، در حدود ۲۰۰۰ سال پیش، گفته اند: که تاریک ترین زمان بشریت، درست قبل از زمان بیداری روحانی از راه می رسد. برای قرن ها، و از زمان "آری" مؤلفِ کتابِ "درختِ زندگی" که در قرنِ ۱۶ میلادی زندگی می کرد، کبالیست ها می نویسند که زمانی که در زوهر به آن اشاره شده است، انتهای قرنِ بیستم خواهد بود و آنها آن را "نسلِ آخر" نامیده اند.

منظور آنها، این نبود که ما در یک رخدادِ تماشایی آخرالزمانی نابود می شویم، بلکه در کبالا، یک نسل، یک حالت روحانی را نمایندگی می کند. نسلِ آخر، آخرین و بالاترین حالتی است که می تواند کسب شود. کبالیست ها گفته اند که زمانی که ما اکنون در آن به سر می بریم، یعنی ابتدای قرنِ بیست و یکم،

زمانی است که ما نسل صعود روحانی بشریت را خواهیم دید.
امّا این کبالیست ها همچنین گفته اند که برای انجام این تغییر، ما نمی توانیم به همان شیوه ای که تاکنون در حالِ رشد بوده ایم ادامه بدهیم. آنها همچنین گفته اند که اگر امروزه، بخواهیم که رشد کنیم، به یک انتخابِ آزاد و آگاهانه نیاز داریم.
همانند هر شروع یا تولدی، پیدایش نسلِ آخر یا نسلِ انتخابِ آزاد، یک پروسهٔ آسان نیست. تا دوره کنونی، ما در حالِ رشد در خواست های پایین تر مان، از جماد تا سخنگو و به جز مرحلهٔ روحانی، بوده ایم. اما اکنون، رِشیموت های روحانی (یا ژن های روحانی، اگر شما بخواهید که اینگونه نام گذاری کنید) در میلیون ها نفر از مردم نمایان می شوند و می خواهند که در زندگی واقعی نیز تشخیص داده شوند.
هنگامی که این رِشیموت ها، در درون ما ظاهر شوند، ما هنوز روش مناسبی برای برخورد و رویارویی با آنها نداریم، چون آنها همانند یک تکنولوژی کاملاً جدید هستند که ما می بایست در ابتدا یاد بگیریم که چگونه با آنها کار کنیم. پس درحالیکه ما داریم یاد می گیریم، تلاش می کنیم که نوع تازه ای از رِشیموت را با استفاده از روش های قبلی و قدیمیِ اندیشیدن تشخیص بدهیم، چون آن روش های قدیمی به ما کمک کرده اند که رشیموتِ مرحلهٔ پایین ترِ خودمان را تشخیص دهیم. امّا آن روش ها برای کار کردن با رِشیموت جدید کافی نیستند و بنابراین کارآیی لازم را ندارند و ما احساس پوچی و ناامیدی خواهیم کرد.
هنگامی که این رِشیموهای جدید، در یک شخص، آشکار می شوند، در ابتدا باعث ایجاد ناامیدی و سپس افسردگی در آن شخص خواهد شد تا اینکه آن شخص یاد می گیرد که چگونه با این خواست های جدید، کار کند. این، معمولاً

با استفاده از دانش کبالا رخ می دهد، زیرا آن، در اصل، برای مطابقت با رِشیموت روحانی طراحی شده است، همانطور که در فصل اوّل نیز توضیح دادیم.

اگر با این وجود، شخص نتواند که جواب را پیدا کند، آنگاه ممکن است که در یک اعتیاد به کار غوطه ور شود یا به انواعِ گوناگونِ دیگرِ اعتیاد مبتلا شود. و یا ممکن است اقدام های دیگری برای سرکوب مشکلِ خواست های جدید، در تلاش برای اجتناب از یک درد علاج ناپذیر انجام دهد.

در یک مرحلهٔ شخصی، چنین حالتی بسیار ناراحت کننده است امّا آن شخص را در معرض مشکل به اندازه کافی جدّی قرار نمی دهد تا ساختار اجتماع را بی ثبات نماید. هنگامی که رِشیموت روحانی در میلیون ها نفر از مردم، تقریباً به طور همزمان، پدیدار می شود، به ویژه اگر این پدیده در کشورهای بسیاری به طور همزمان رخ دهد، آنگاه شما با یک بحران جهانی روبرو هستید، و یک بحران جهانی، نیازمند یک پاسخ و راه حل جهانی می باشد.

بشریت امروزه آشکارا با یک بحران جهانی مواجه است. افسردگی با یک آمار بی سابقه در ایالات متّحده سر به فلک کشیده است و تصویر موجود در دیگر کشورهای توسعه یافته نیز خیلی روشن تر نیست. در سال ۲۰۰۱ سازمان سلامت جهانی (WHO) گزارش داد که افسردگی عامل اصلی معلولیت در آمریکا و سراسر جهان است.

مشکل بزرگ دیگر در جوامع مدرن، گستردگیِ هشدار دهنده در سؤمصرف مواد مخدر است. البته مواد مخدر، همواره مورد استفاده بوده اند امّا در گذشته، در درجه اوّل از آنها به عنوان دارو و یا در مراسم و آیین های خاص استفاده می شد. در حالیکه امروزه، آنها در سنین بسیار پائین مصرف می شوند، و در واقع، برای پُرکردن خلأهای عاطفی که بسیاری از جوانان احساس می

کنند مورد استفاده قرار می گیرند. و چون افسردگی سر به فلک کشیده است، سؤمصرف مواد مخدّر و جرائم مرتبط با آن نیز، افزایش چشمگیری داشته است.

از سوی دیگر، بحران در سطح خانواده، مشکل دیگرِ جوامع امروزی است. در گذشته، واحد خانواده، نمادی از پایداری، صمیمیت و سرپناه بود امّا امروزه دیگر نیست. بر اساس آمارِ سلامتی ارائه شده توسط مراکز ملّی کشورها، از هر دو زوجی که با هم ازدواج می کنند، یک زوج، طلاق می گیرند، و این ارقام، در سراسر دنیای غرب مشابه یکدیگرند.

به علاوه، دیگر شرایط به گونه ای نیست که زوج ها می بایست وارد بحران های بزرگ و شدید شوند، یا برخورد شخصیّتی داشته باشند، تا تصمیم به طلاق و جدائی بگیرند. امروزه، حتّی زوج هائی که در سنین ۵۰ تا ۶۰ سالگی هستند نیز، نمی توانند دلیلی برای باهم بودن و ادامه زندگی مشترک پیدا کنند. هنگامی که فرزندانشان به سنین رشد رسیده و خانه را ترک می کنند، چون از لحاظ درآمدی در وضعیت مطمئنی قرار دارند، آنها نگران آغاز برگ جدیدی در زندگی شان نیستند، آن هم در سنینی که تا چند سال قبل از آن، انجام چنین کارهایی کاملاً غیر قابل تصوّر به نظر می رسید. ما حتّی برای این پدیده، یک اسم هوشمندانه داریم؛ "سَندرومِ لانهٔ خالی". امّا اساس این است که زوج ها طلاق می گیرند، و از هم جدا می شوند، چون زمانی که فرزندانشان خانه را ترک می کنند، دیگر چیزی وجود ندارد که باعثِ اتصالِ والدین به یکدیگر باشد و به عبارت دیگر، دیگر عشقی بین آنها وجود ندارد.

خلأ اساسی، فقدان عشق است. اگر ما به خاطر داشته باشیم که همهٔ ما به وسیلهٔ نیرویی که می خواهد ببخشد، به صورت خودپرست، خلق شده ایم، آنگاه ممکن است که شانسی برای مبارزه داشته باشیم، حدّاقل، آنگاه خواهیم دانست

که کجا به دنبال جواب و راه حل بگردیم.

این بحران کنونی، یگانه است، نه تنها در جهانی بودن، بلکه همچنین در تنوع و همه جانبه بودن، که آن را بسیار جامع تر و مشکل تر برای رسیدگی میکند. این بحران، در تمامی سطوح تعامل بشری یعنی در سطوح شخصی، اجتماعی، بین المللی و در علم، پزشکی، آب و هوا و غیره وجود دارد. برای مثال، تا چند سال قبل، آب و هوا یک پناهگاه مناسب بود به طوری که شخص نیازی نداشت که هیچ مشارکتی در آن داشته باشد، امّا امروزه، همهٔ ما نیاز داریم که در مورد آب و هوا هوشمندانه رفتار کنیم. امروزه تغییرات آب و هوا، گرمایش جهانی ، بالا آمدن سطح آب دریاها و آغازِ فصل جدیدی از گردبادها، تیتر های داغِ خبرگزاری ها هستند.

"ذوب یخ بزرگ" آن چیزی است که «جفری لین» از روزنامهٔ "ایندیپندنت" در یک مقالهٔ آنلاین، «حالت سیارهٔ ما» نامیده است که در ۲۰ نوامبر ۲۰۰۵ به چاپ رسید. عنوان مقاله این است؛ "ذوب یخ بزرگ! اگر کلاهک یخی در گرینلند ذوب شود، فاجعه جهانی به دنبال خواهد داشت." و در زیر این عنوان بیان می شود که "اکنون این کلاهک یخی، با سرعتی بیش از آنکه دانشمندان انتظار داشته اند در حال ذوب شدن است."

آب و هوا، تنها فاجعه ای نیست که در افق کمین کرده است، نسخهٔ ۲۲ ژوئن مجلهٔ نیچر، مطالعات انجام شده توسط دانشگاه کالیفرنیا را چاپ کرد که در آن بیان شده که گُسل "سن آندریاس" برای یک زمین لرزه بزرگ کاملاً آماده است. به گفتهٔ "یوری فیالکو" از مؤسسهٔ اقیانوس شناسی "اسکریپس" در دانشگاه کالیفورنیا: "این گسل، یک خطر لرزه ای عظیم میباشد، و برای یک زمین لرزهٔ دیگر آماده است."

البتّه ما اگر از طوفان ها، زمین لرزه ها و بالا آمدن سطح دریاها نیز نجات

پیدا کنیم، همیشه یک "بِن لادن" دوران وجود دارد که به ما یادآوری کند که زندگیمان می تواند به طور قابل ملاحظه ای کوتاه تر از آن چیزی باشد که در نظر گرفته بودیم.

آخرین امّا نه کمترین، موارد مربوط به سلامتی هستند که به توجه ما نیاز دارند. ایدز، آنفولانزای مرغی، جنون گاوی و همچنین موارد قدیمی تر نظیرِ سرطان ها، بیماری های قلبی و عروقی و دیابت ها و موارد بسیار دیگری که میتوان در اینجا از آنها نام برد. اکنون خود شما نکته را متوجه شده اید، حتّی اگر چه برخی از این مشکلات تازه نیستند، آنها را اینجا ذکر می کنیم چون به سرعت در حال پخش شدن و افزایش در سراسر دنیا هستند.

و امّا نتیجه؛ یک ضرب المثلِ باستانی چینی می گوید: اگر می خواهید کسی را لعنت کنید به او بگویید که "باشد که شما در روزهای جالبی زندگی کنید!" امّا این یک لعنت نیست بلکه همان طوری که کتاب زوهر وعده داده است، دورانِ تاریکی پیش از سپیده دم است، اکنون اجازه دهید تا ببینیم آیا راه حلّی وجود دارد؟

یک دنیای جدید شجاع، در چهار قدم

تنها چهار قدم، برای تغییر دنیا لازم است.

۱- تایید و تشخیص بحران

۲- کشف این که چرا این بحران وجود دارد

۳- تعیین بهترین راه حل

٤- طراحی یک نقشه عملی برای راه حل بحران

اجازه دهید هر یک را جداگانه بررسی کنیم:

۱- تایید و پذیرفتن بحران:

چند دلیل وجود دارد که بسیاری از ما، هنوز، از وجود بحران نا آگاه هستیم. دولت ها و سازمان های بین المللی، بایستی اولین کسانی می بودند که با مشکل مقابله کنند، اما برخورد منافع از همکاری آنها با یکدیگر، برای رسیدگی به بحران، به طور موثری جلوگیری می کند. به علاوه، بیشتر ما هنوز احساس نمی کنیم که یک مشکل، ما را به شیوه های گوناگون تهدید می کند، و بنابراین، ما ضرورت رسیدگی به آن را سرکوب می کنیم، تا اینکه آن بسیار سخت تر شود.

بزرگترین مشکل، این است که ما هیچ خاطره و تجربه ای از چنین حالت خطرناکی در گذشته نداریم، به همین دلیل، ما از ارزیابی درست وضعیت کنونی مان ناتوانیم. معنایش این نیست که فجایع، هرگز در گذشته رخ نداده اند بلکه دوره ما، یگانه و خاص است چون امروزه، آن در تمام جبهه ها در حال رخ دادن است. یعنی به طور همزمان، هر جنبه از زندگی بشری را در سراسر جهان تهدید می کند.

۲- کشف اینکه چرا این بحران وجود دارد:

یک بحران وقتی رخ می دهد که یک برخورد، بین دو عنصر، وجود داشته باشد و عنصر بالاتر، حاکمیت خودش را بر عنصر پایینتر تحمیل کند. طبیعت بشر، یا خودپرستی، کشف می کند که چقدر خودش با طبیعت یا نوع دوستی متضاد است، به همین دلیل، تعداد بسیار زیادی از مردم احساس استرس، افسردگی، ناامنی، و ناامیدی می کنند.

کوتاه اینکه، بحران واقعا در بیرون از ما اتفاق نمی افتد، اگرچه آن یقینا به

نظر می رسد که فضای فیزیکی را اشغال می کند، اما آن، در واقع، در درون ما اتفاق می افتد. بحران، جدال تایتانیکی بین خوب (نوع دوستی) و شر (خود پرستی) است.

چقدر غمگین کننده است که ما بایستی نقش بچه های بد را در نمایش واقعی واقعیت بازی کنیم، اما امیدتان را از دست ندهید، همانند همه نمایش ها، یک پایان خوش منتظرمان است.

۳- تعیین بهترین راه حل:

هر چه ما بیشتر دلیل بنیادین بحران، یعنی خود پرستی مان را تشخیص دهیم بیشتر می فهمیم که چه چیزی بایستی در درون ما و همچنین در جوامع مان، تغییر داده شود. با انجام این، ما می توانیم که بحران را ریز ریز و خرد کنیم و جامعه و محیط زیست را به یک نتیجه سازنده و مثبت برسانیم.

ما، بیشتر در مورد چنین تغییراتی، صحبت خواهیم کرد هنگامی که ایده "آزادی انتخاب" را بررسی می کنیم.

٤- طراحی یک نقشه، برای راه حل بحران:

هنگامیکه ما سه قدم اول را تمام کنیم، آنگاه می توانیم نقشه را با جزییات بیشتری ترسیم کنیم. اما حتی بهترین نقشه، نمی تواند بدون حمایت فعال سازمان های صاحب نفوذ و پیشرو بین المللی موفق شود. بنابراین، نقشه بایستی پایه ی محکمی از حمایت بین المللی توسط دانشمندان، متفکران، سیاستمداران، سازمان ملل و همچنین رسانه ها و سازمان های اجتماعی داشته باشد.

در حقیقت، چون ما از یک مرحله از خواست، به مرحله ی دیگری، رشد می کنیم هر چیزی که اکنون رخ می دهد، برای اولین بار، در مرحله ی روحانی

از خواست، رخ می دهد. اما اگر به یاد داشته باشید که ما، در این مرحله هستیم، می توانیم از دانش آنهایی که از قبل به روحانیت متصل شده اند، به همان ترتیبی که از دانش علمی کنونی مان استفاده می کنیم، بهره ببریم.
کبالیست ها، کسانی که از قبل به دنیاهای روحانی، یا ریشه ی دنیای ما، دست پیدا کرده اند می بینند که رِشیموت، یا ریشه ها ی روحانی، باعث این حالت ها می شوند و می توانند ما را به سوی خارج شدن از مشکلات راهنمایی کنند.

چون ریشه ی آنها، در دنیای روحانی است به این ترتیب ما بحران را به آسانی و به سرعت حل می کنیم، چون ما می دانیم که چرا چیزها رخ می دهد و در مورد آنها چه کاری بایستی انجام شود. در موردش اینگونه فکر کنید: اگر افرادی بودند که می توانستند نتیجه بخت آزمایی فردا را پیش بینی کنند آیا شما دوست نداشتید که آنها هنگامی که می خواستید شرط بندی کنید در کنارتان بودند؟
هیچ جادویی اینجا وجود ندارد، تنها دانش قوانین بازی در دنیای روحانی، در نظر گرفته می شود. از نظر یک کبالیست، ما در یک بحران نیستیم ما فقط کمی منحرف شده ایم و مدام روی شماره های نادرست شرط بندی می کنیم.
وقتی که جهت مناسب را پیدا کنیم، حل بحرانی که در واقع غیر موجود است مثل خوردن یک تکه کیک خواهد بود و بردن بخت آزمایی نیز به همین آسانی خواهد بود. و زیبایی دانش کبالیستی این است که در آن، هیچ محدودیتی در مورد حق مولف وجود ندارد و آن متعلق به همه ی انسان ها است.

چهارچوب خودت را بشناس

یک نیایش کهن: ارباب، قدرتی به من هدیه کرد تا آنچه را که می توانم، تغییر دهم و شجاعتی که آنچه که نمی توانم تغییر دهم را بپذیرم، و دانشی، که بین آنها تمایز قائل شوم.

از دید خودمان، ما افرادی هستیم که به طور مستقل و آزاد عمل می کنیم. این، ویژگی مشترک همه ی مردم است. تنها فکر کنید به قرن ها جنگ، که بشریت از آن گذر کرده است، برای اینکه بتواند در انتها، آزادی شخصی محدودی که امروزه داریم را کسب کند.

اما ما، تنها موجوداتی نیستیم که وقتی آزادیشان گرفته می شود رنج می بریم. حتی یک مخلوق زنده، وجود ندارد که بدون تلاش به چنگ شکارچی بیفتد. این، یک ویژگی طبیعی و ذاتی است که در برابر هر نوع از مطیع شدن، مقاومت کنیم. با این وجود، حتی اگر ما بفهمیم که همه ی مخلوقات شایسته آزاد بودن هستند، این تضمین نمی کند که ما می فهمیم آزاد بودن واقعا چه معنایی دارد یا اینکه آیا و چطور آن به پروسه اصلاح خودپرستی بشریت مرتبط است.

اگر ما صادقانه از خود بپرسیم که "معنای آزادی چیست؟" احتمالا کشف می کنیم که تعداد خیلی کمی از اندیشه های کنونی ما در مورد آن، وقتی که ما پروسه پرسیدن را تمام کنیم هنوز می توانند باقی بمانند. پس قبل از اینکه بتوانیم درباره آزادی حرف بزنیم، بایستی بدانیم که "آزاد بودن" واقعا به چه معناست.

برای اینکه ببینیم که ما آزادی را می فهمیم، بایستی به درون خودمان نگاه کنیم تا ببینیم که آیا ما توانایی حتی یک عمل آزادانه و داوطلبانه را داریم. چون خواست گرفتن ما به طور پیوسته رشد می کند پس ما همیشه مجبور می شویم که راه های بهتر و پاداش دهنده تری برای زندگی پیدا کنیم. اما چون ما در یک بازی موش و گربه گیر کرده ایم در این مورد، هیچ انتخابی نداریم.

از سوی دیگر، اگر خواست گرفتن ما دلیل همه ی این مشکل ها باشد، شاید راهی برای کنترل آن وجود داشته باشد. اگر می توانستیم اینکار را بکنیم، آنگاه ما می توانستیم کل بازی را کنترل کنیم، در غیر اینصورت، بدون این کنترل، ما بازی را حتی بدون آغاز کردن آن، باخته ایم. اما اگر ما، بازنده ها باشیم، آنگاه چه کسی برنده است؟ با که یا چه داریم مسابقه می دهیم؟

ما دنبال کارهایمان می رویم، مثل اینکه اتفاقات به تصمیمات ما بستگی دارند، اما آیا آنها واقعا بستگی دارند؟ آیا بهتر نمی بود که از تلاش برای تغییر زندگی هایمان منصرف شویم و در جهت جریان آب شنا کرده و همراه بقیه شویم؟

از یک سو، ما همین الان گفتیم که طبیعت در برابر هر مطیع شدنی مقاومت می کند. اما از سوی دیگر، طبیعت، به ما نشان نمی دهد که کدام یک از کارهای ما.

اگر هیچ یک از آنها، آزادانه است، پس کجا ما به وسیله استاد خیمه شب بازی، اغوا می شویم و فکر می کنیم که آزاد هستیم؟

به علاوه، اگر طبیعت، براساس یک طرح جامع کار کند، آیا این سوالات و عدم اطمینان ما بخشی از طرح می باشد؟ شاید یک دلیل پنهان وجود دارد که باعث می شود ما احساس سردرگمی و گم شدن کنیم. شاید سردرگمی و

سرخوردگی، روش استاد خیمه شب بازی باشد تا به ما بگوید: "آهای، یک نگاه دیگر بیاندازید که شما همگی کجا می روید، چون اگر دنبال من می گردید شما به جهت اشتباهی نگاه می کنید."

افراد کمی انکار خواهند کرد که ما به راستی گیج شده ایم، با این وجود، برای تعیین جهت مان، ما باید بدانیم از کجا شروع به نگاه کردن کنیم. این، می تواند ما را در برابر سال های فراوانی از تلاش بیهوده حفظ کند. اولین چیزی که ما می خواهیم پیدا کنیم این است که ما کجا انتخاب آزاد و مستقل داریم و کجا نداریم. وقتی که ما، این را تشخیص دهیم آنگاه خواهیم دانست که تلاش هایمان را در کجا بایستی متمرکز کنیم.

افسار زندگی

تمام طبیعت، تنها از یک قانون پیروی می کند: "قانون رنج و لذت". اگر تنها ماده خلقت، خواست گرفتن لذت باشد، آنگاه تنها یک قانون، برای نحوه رفتار کردن، مورد نیاز است . جذب کردن لذت و دور کردن رنج.

ما انسان ها، از این قانون، مستثنا نیستیم، ما از یک برنامه از قبل نصب شده پیروی می کنیم، که به طور کامل، هر حرکتی را بر ما تحمیل می کند. ما می خواهیم که با کمترین کار، بیشترین مقدار را دریافت کنیم، و اگر ممکن باشد ما همه ی این را رایگان می خواهیم. بنابراین در هر کاری که انجام میدهیم، حتی وقتی که ما از آن آگاه نیستیم، همیشه سعی می کنیم که لذت را انتخاب کنیم و از رنج اجتناب کنیم.

حتی اگر آن، اینگونه به نظر برسد که ما خودمان را قربانی می کنیم، در حقیقت، دلیلش این است که ما لذت بیشتری، از قربانی شدن، دریافت می کنیم در مقایسه با هر گزینه ی دیگری که در آن لحظه می توانیم در موردش فکر

کنیم. و دلیل اینکه ما خودمان را فریب می دهیم که انگیزه های نوع دوستانه داریم، این است که فریب دادن خودمان، برایمان جالب تر از گفتن حقیقت به خودمان است. همانطور که« اگینس دپلیر» گفته است: "چندین برهنگی، وجود دارند که ناشایستگی شان همانند حقیقت عریان است."

در فصل سوم گفتیم که فاز دوم می بخشد، اگرچه آن، در حقیقت، به وسیله ی همان خواست گرفتن و همانند فاز اول تحریک می شود. این، ریشه ی هر عمل "نوعدوستانه" است که ما در آن به یکدیگر "می بخشیم".

ما می بینیم که چگونه هرکاری که انجام می دهیم نتیجه یک "محاسبه ی سودبخشی" است. برای مثال، من قیمت یک کالا را، با منفعتی که از خریدن آن کسب می کنم، مقایسه می کنم. اگر فکر کنم که لذت، یا نبود رنج، در داشتن آن کالا، بیشتر از قیمتی که من باید بپردازم خواهد بود آنگاه من به "کارگزار درونی" ام خواهم گفت "بخر! بخر! بخر!" و این باعث روشن شدن چراغ های سبز روی "نمایشگر وال استریت روانی" من می شود.

ما می توانیم اولویت های خودمان را تغییر دهیم و ارزش های متفاوتی در مورد خوبی و بدی را بپذیریم، و حتی، خودمان را طوری "تربیت" کنیم که نترس شویم. به علاوه، می توانیم یک هدف را در چشمان خودمان چنان مهم کنیم که هرگونه سختی ای در راه دستیابی به آن، بی معنی و غیرملموس بشود.

برای مثال اگر من موقعیت اجتماعی و درآمد خوبی همانند یک پزشک مشهور بخواهم، آنگاه من، برای سال ها در مدرسه پزشکی تحت فشار بوده و عرق خواهم ریخت، و چندین سال بیشتر در دوره کارآموزی کم خوابی خواهم کشید، به این امید که آن، سرانجام با شهرت و ثروت جبران خواهد شد.

گاهی محاسبه ی رنج کنونی، برای پاداش در آینده، چنان طبیعی است که ما حتی متوجه نمی شویم که چنین کاری می کنیم. برای مثال اگر من به طور وحشتناکی مریض شوم و دریابم که تنها یک جراحی مشخصی می تواند زندگی ام را نجات دهد، آنگاه من با خوشحالی این عمل جراحی را انجام می دهم، چون اگرچه خود عمل ممکن است کاملا ناخوشایند باشد، و ریسک های خودش را دارد، اما آن به اندازه ی مریضی خودم خطرناک نیست. یا در بعضی موارد دیگر من مبالغ بسیار هنگفتی برای گذر از مشکلات زندگی ام می پردازم

تغییر جامعه، برای تغییر خودم

طبیعت، نه تنها ما را به یک فرار پیوسته از رنج، و مدام به دنبال لذّت بودن محکوم کرده است، بلکه همچنین توانایی تعیین نوع لذتی که میخواهیم را نیز از ما دریغ نموده است. به عبارت دیگر، ما نمی توانیم این حس را که چه چیزی می خواهیم کنترل کنیم، و خواست ها، بدون هشدار قبلی و بدون پرسیدن نظر ما در مورد موضوع، شکوفا می شوند.

همچنین، طبیعت، نه تنها خواست های ما را خلق می کند، بلکه روشی نیز برای کنترل خواست هایمان به ما داده است. اگر ما به خاطر داشته باشیم که همگی، قسمت هایی از یک روحِ واحد، یعنی همان "آدم هاریشون" هستیم. آنگاه، اسان تر خواهد بود که درک کنیم روش کنترل خواست هایمان، از طریق تأثیر گذاری بر کُلّ روح، امکان پذیر است، یعنی بر کُلّ بشریت یا حداقل قسمتی از آن.

اجازه بدهد به این مطلب اینگونه نگاه کنیم؛ اگر یک سلول در بدن، بخواهد که به سمت چپ برود، امّا بقیه بدن، بخواهد که به سمت راست برود، آنگاه، آن سلول هم مجبور خواهد بود که به سمت راست برود، مگر اینکه آن سلول بتواند کُلّ بدن، یا لااقل اکثریت قریب به اتفاق و "دولتِ" بدن را متقاعد کند که به سمت چپ رفتن بهتر است.

پس، اگرچه ما نمی توانیم خواست های خود را کنترل کنیم، امّا جامعه می تواند آنها را کنترل کند، و چون ما می توانیم خواست خودمان درمورد انتخاب نوع جامعه را کنترل کنیم، آنگاه، می توانیم نوعی از جامعه را انتخاب کنیم که بر ما به گونه ای که فکر می کنیم بهتر است، تأثیر بگذارد. به عبارت دیگر، ما می توانیم از تاثیرات اجتماعی استفاده کنیم تا خواست های خودمان را کنترل نماییم و با کنترل خواست هایمان، در واقع اندیشه هایمان و در نهایت اعمال و رفتارمان را کنترل خواهیم نمود.

کتابِ زُوهَر، حدود ۲۰۰۰ سال قبل، اهمیت جامعه را توضیح داده است. امّا از آغاز قرن بیستم به بعد، هنگامیکه آشکار گردید که ما برای بقاء و ادامهٔ حیات به یکدیگر نیازمندیم، استفادهٔ مؤثر از وابستگی های اجتماعی، برای رشد روحانی، به یک نیاز ضروری و حیاتی تبدیل شده است. اهمیّت بسیار بالای جامعه، پیامی است که کبالیست یِهودا آَشلاگ در بسیاری از مقاله هایش به آن پرداخته و این مطلب را به وضوح روشن نموده است. و اگر ما، خط اندیشه او را دنبال کنیم، به اهمیّت موضوع پی خواهیم برد.

آشلاگ می گوید، بزرگترین آرزوی هر شخص، خواه خودِ شخص این را بپذیرد یا نه، این است که محبوب باشد، دیگران او را دوست بدارند، و بتواند که رضایت دیگران را جلب نماید. این، نه تنها به ما آرامش می دهد بلکه بزرگترین دارائی ما، یعنی حسّ خودپرستی، را نیز ارضاء می کند. بدون تأیید

شدن توسط اطرافیان و جامعه، ما احساس می کنیم که به وجودمان بی توجّهی میشود، و هیچ خودپرستی، نمی تواند انکار شدن را تحمّل کند. به همین دلیل است که مردم، اکثراً برای جلب توجّه دیگران، به افراط و تفریط روی می آورند.

چون بزرگترین آرزوی ما، جلبِ رضایت و تأیید جامعه است، ما، مجبور به پذیرفتن قوانین محیط میشویم. این قوانین، نه تنها رفتار و عملکرد ما را تعیین می کنند، بلکه نگرش و دیدگاهِ ما را نسبت به هر کاری که می کنیم، و تمامی تفکّرات مان را نیز، طراحی می کنند.

این وضعیّت، ما را از هرگونه انتخابی در مورد روش زندگی مان، علاقه مندی هایمان، نحوهٔ گذراندن وقت آزادمان، و حتّی خوراکی که می خوریم و لباسی که می پوشیم، ناتوان می کند. به علاوه، حتّی وقتی ما، انتخاب می کنیم که برعکس مُد روز، لباس بپوشیم و توجّهی به آنچه که مُد است نداشته باشیم، هنوز در تلاش هستیم که نسبت به یک کُد مشخّصِ اجتماعی که انتخاب کرده ایم بی توجّه باشیم. به عبارت دیگر، اگر مُد روزی که برای بی توجّهی انتخاب کرده ایم وجود نداشت، ما نیازی به بی توجّهی نسبت به آن نداشتیم، و احتمالاً، لباس دیگری را انتخاب می کردیم. در نهایت، تنها راه تغییر در خودمان، تغییر در هنجارهای اجتماعی محیط اطرافمان است.

چهار عامل

اگر ما، چیزی جز محصولات محیط مان نباشیم، و چنانچه هیچ آزادی واقعی در آنچه انجام می دهیم نباشد، آنگاه، آیا ما می توانیم نسبت به اعمالمان مسئول در نظر گرفته شویم؟ و اگر ما نسبت به آنها مسئول نیستیم، پس چه کسی

مسئول است؟

برای جواب دادن به این سوال ها، ابتدا بایستی چهار عامل اصلی، که ما را تشکیل می دهند بشناسیم. و اینکه بدانیم چگونه می توانیم با آنها کار کنیم، تا آزادی انتخاب را به دست آوریم.

براساس دانش کبالا، همه ما، توسط چهار عامل اصلی کنترل می شویم؛

۱- "بستر"، که "ماده اولیه" نیز نامیده می شود

۲ - ویژگی های غیر قابل تغییر بستر

۳- ویژگی های قابل تغییر بستر، به وسیله نیروی های خارجی

٤- تغییر در محیط خارجی.

اجازه دهید ببینم که هر یک از این عوامل چه معنایی دارند.

۱- بستر یا ماده اولیه:

ذات تغییر ناپذیر ما، "بستر" نامیده میشود.من می توانم خوشحال یا غمگین، خشمگین، پر از فکر، تنها و یا با دیگران باشم، در هر حالی و در هر جامعه ای، اساس وجودی من، هرگز تغییر نمی کند.

برای درک مفهوم چهار عامل اصلی، اجازه دهید به عنوان مثال، جوانه زدن و مرگ گیاهان را در نظر بگیریم. یک ساقه گندم را در نظر بگیرید، هنگامی که یک دانه گندم، متلاشی می شود، فرم اولیه خودش را به طور کامل از دست می دهد، اما اگرچه آن فرم را به طور کامل از دست داده، ولی تنها یک ساقه گندم دیگر می تواند از آن دانه به وجود بیاید، و نه هیچ چیز دیگری. دلیلش این است که بستر و اصل و ماهیت تغییر نکرده است، ذات گندم، همان ذات گندم، باقی می ماند.

۲- ویژگی های تغییر ناپذیر بستر:

همانطورکه بستر، تغییرناپذیر است، و از گندم همواره گندم تولید می شود، نحوه رشد دانه های گندم نیز تغییر ناپذیر است. یک تک ساقه، ممکن است بیش از یک ساقه، در دور جدید زندگی تولید کند، و کمیت و کیفیت جوانه های تازه ممکن است تغییر کند. اما خود بستر و شکل و ماهیت اصلی گندم بدون تغییر باقی می ماند، به عبارت دیگر، بجز گندم هیچ گیاه دیگری نمی تواند از گندم تولید شود. همچنین، همه گیاهان گندم، از لحظه ای که جوانه می زنند تا لحظه ای که پژمرده می شوند، از یک "طرح رشد" پیروی می کنند.

به همین شکل، همه فرزندان انسان نیز، به یک ترتیب مشابه و مشخص رشد نموده و بالغ می شوند. به همین دلیل، ما (کم و بیش) می دانیم چه وقتی یک نوزاد شروع به یادگیری مهارت های مشخصی همانند راه رفتن می کند و کی می تواند شروع به خوردن غذاهای مشخصی بکند. بدون وجود این طرح ثابت، ما نمی توانستیم منحنی رشد و یا هیچ چیز دیگر را در مورد نحوه رشد نوزاد انسان، جدول بندی کنیم.

۳- ویژگی های تغییر پذیر بستر از طریق نیروهای خارجی:

اگرچه دانه، همان نوع دانه باقی می ماند، اما ظاهرش، در نتیجه تاثیرات محیطی همانند نور آفتاب، خاک، کود، رطوبت و باران ممکن است تغییر کند. پس در حالیکه نوع گیاه، همچنان گندم باقی می ماند، در اصطلاح، "بسته بندی" ذات گندم می تواند در اثر عوامل خارجی تغییر کند و اصلاح شود.

به طور مشابهی، حال و حوصله ما در همراهی با مردم دیگر و یا در شرایط مختلف تغییر می کند، اگرچه از خود ما، یا "بستر" ما، یک چیز باقی می

ماند. بعضی وقت ها، هنگامیکه تأثیر محیط طولانی می شود، نه تنها قادر به تغییر در روحیه ما خواهد بود، بلکه می تواند شخصیت ما را نیز متحول نماید. این محیط نیست که ویژگی های جدیدی را در ما خلق می کند، بلکه تنها در میان نوع مشخصی از مردم بودن، جنبه های مشخصی از طبیعت ما را تشویق می کند، که فعال تر از آنچه در قبل بوده اند، عمل کنند.

٤- تغییرات در محیط خارجی:

محیطی که بر روی دانه تأثیر می گذارد، خودش تحت تأثیر عوامل خارجی دیگری همچون تغییرات جوی، کیفیت آب و هوا و گیاهان همجوار و محیط اطرافش است. به همین دلیل است که ما گیاهان را در گلخانه و با استفاده از خاک و زمین حاصلخیز و شرایط محیطی مصنوعی مساعد، رشد می دهیم. ما در واقع تلاش می کنیم که بهترین محیط را برای رشد گیاهان در گلخانه ایجاد کنیم.

در جامعه بشری نیز ما به طور پیوسته محیط مان را تغییر می دهیم، محصولات جدیدی را تبلیغ می کنیم، دولت ها را انتخاب می کنیم، به مدارسی از نوع مختلف می رویم، و وقت مان را با دوستانمان سپری می کنیم. بنابراین برای کنترل رشد خودمان، بایستی یاد بگیریم که مردمانی که زمانمان را با آنها سپری می کنیم، را کنترل و انتخاب کنیم. و مهمتر اینکه، ما به چه مردمانی نگاه می کنیم و آنها را الگو قرار می دهیم، اینها کسانی هستند که بیشترین تاثیر را بر ما دارند.

اگر ما آرزو داشته باشیم که به طور مثبتی تغییر کنیم، اصلاح و "نوعدوست" بشویم، بایستی بدانیم که چه جریان های اجتماعی ای، اصلاح را در ما تشویق و ترویج می کنند، و آن جریان ها را دنبال کنیم. با این عامل آخر، یعنی

تغییرات در محیط خارجی، ما ذات خودمان را شکل می دهیم، ویژگی های بستر را تغییر می دهیم، و در نتیجه سرنوشت خودمان را تعیین می کنیم. این، همان جایی است که ما آزادی انتخاب داریم.

انتخاب محیط مناسب، برای اصلاح

اگر چه ما نمی توانیم ویژگی های بسترمان را تعیین کنیم، اما می توانیم بر زندگی هایمان تاثیر گذاشته، و با انتخاب محیط اجتماعی مان، سرنوشتمان را تغییر دهیم. به عبارتی دیگر، چون محیط، بر ویژگی های بستر، تاثیر می گذارد، پس ما می توانیم آینده خودمان را تعیین کنیم البته با ساختن محیط هایی در اطرافمان که هدف هایی که می خواهیم به آن برسیم را ترویج کنند.

وقتی که من، جهتم را انتخاب کرده، و محیطی بسازم که من را به سوی آنجا هدایت کند، آنگاه می توانم از جامعه به صورت یک تقویت کننده ای که پیشرفت من را شتاب دار می کند استفاده کنم. اگر برای مثال، پول بخواهم، می توانم دور و برم را پر کنم از افرادی که آن را می خواهند، در موردش حرف می زنند، و سخت کار می کنند که آن را به دست آورند. همین، من را هم تشویق می کند که برای آن، سخت کار کنم و ذهنم را به یک کارخانه ی طرح های پولساز تبدیل کنم.

یک مثال دیگر: اگر من اضافه وزن داشته باشم و بخواهم آن را تغییر دهم، آسان ترین راه برای انجامش این است که خودم را در میان افرادی قرار دهم که در مورد از دست دادن وزن می اندیشند، صحبت می کنند و همدیگر را تشویق می کنند. در حقیقت، می توانم خیلی بیشتر از احاطه کردن خودم با مردم، برای خلق یک محیط مناسب، انجام دهم. من می توانم تاثیر این محیط

را با کتاب ها، فیلم ها و مقالات مجلات تقویت کنم. هر وسیله ای که خواست من برای از دست دادن وزن را بیشتر کند و حمایت کند، کمک کننده خواهد بود.

همه چیزهای لازم، در محیط وجود دارد. موسسه های بازپروری معتادان مواد مخدر، مراقبان وزن، همه اینها از قدرت اجتماع، برای کمک به مردمانی که نمی توانند جلوی خودشان را بگیرند استفاده می کنند. اگر ما از محیط مان به درستی استفاده کنیم می توانیم به چیزهایی دست یابیم که جرات خواب دیدنشان را هم نداشتیم، و بهتر از همه، ما حتی احساس نمی کنیم که داریم تلاشی برای دستیابی به آنها می کنیم.

"پرندگان بال و پردار"

در فصل اول، ما در مورد اصل "برابری در فرم" صحبت کردیم، همان اصل، اینجا هم به کار می رود اما در یک سطح فیزیکی. افراد شبیه به هم، با همدیگر احساس راحتی میکنند چون آنها به خواست های مشابه و اندیشه های مشابهی دارند. ما همه میدانیم که پرندگان پردار، با همدیگر مهاجرت می کنند. اما ما می توانیم این پروسه را معکوس هم بکنیم، یعنی با انتخاب گله یا دسته ی خودمان، می توانیم تعیین کنیم که در نهایت چه نوع پرندگانی بشویم.

خواست روحانیت، یک استثنا نیست. اگر من، روحانیت را بخواهم و بخواهم که خواستم را برای آن افزایش دهم، آنگاه نیاز به دوستان مناسب، کتاب ها و فیلم های مناسب در اطراف خودم دارم. طبیعت انسانی، بقیه کار را انجام می دهد. اگر گروهی از مردم، تصمیم بگیرند که مانند خالق بشوند، هیچ چیزی نمیتواند سر راه شان قرار بگیرد. حتی خود خالق، نمی تواند این کار بکند. کبالیست ها این موضوع را "پسرم، من را شکست داد" می نامند.

پس چرا ما یک یورشی به سوی روحانیت را مشاهده نمی کنیم؟ خوب یک گیر کوچک وجود دارد. شما نمی توانید روحانیت را احساس کنید مگر اینکه آن را از قبل داشته باشید. مشکل اینجاست که بدون دیدن و احساس هدف، خیلی سخت است که واقعا آن را بخواهیم. و ما قبلا دیدیم که خیلی سخت است که چیزی را بدست آورد بدون داشتن یک خواست بزرگ برای آن.

به آن، اینگونه فکر کنید: هر چیزی که ما در دنیای خودمان می خواهیم، نتیجه ی تعدادی از تاثیرات خارجی بر روی ما است. اگر من پیتزا دوست دارم، به این دلیل است که دوستان، والدین، تلویزیون، چیزی یا کسی به من گفته است که آن، چقدر خوب و خوشمزه است. اگر من بخواهم که یک حقوقدان باشم، به خاطر این است که جامعه، به من این احساس را داده است که یک حقوقدان بودن، یک جور ارزش محسوب می شود.

اما در کجای جامعه، من می توانم کسی یا چیزی را پیدا کنم که بگوید مانند خالق بودن عالی است؟ به علاوه، اگر چنین خواستی در جامعه وجود ندارد پس آن، یکدفعه چگونه در درون من ظاهر می شود؟ آیا این خواست یکدفعه از ناکجا بیرون می پرد؟

نه! نه از ناکجا. بلکه از رشیموت. آن، خاطره یا یادآوری ای برای آینده است. اجازه دهید بیشتر توضیح دهیم: قبلا، در فصل چهارم، ما گفتیم که رِشیموت، ثبت هایی یا رکورد هایی در درون ما هستند. یعنی رِشیموت، خاطره هایی هستند که در درون ما ثبت شده اند هنگامی که ما در حال پایین آمدن از نردبان روحانی و در پله های بالاتری بودیم. این رِشیموت، در درون ناخودآگاه ما قرار دارند و یکی یکی ظاهر می شوند و هر کدام، خواست های تازه تر و قوی تری نسبت به قبل را بیدار می کنند.

به علاوه، چون همه ی ما در یک نقطه ای، در یک جایگاه بالاتری بر روی

نردبان روحانی بوده ایم، همه ی ما، بیداری خواست را برای برگشتن به آن حالت های روحانی احساس خواهیم کرد، وقتی که زمان تجربه آن، در ما فرا برسد. به همین دلیل، رِشیموت، خاطراتی در مورد حالت های آینده ما هستند. بنابراین سوال نباید این باشد که: "چگونه من خواست برای چیزی دارم که محیط به من معرفی نکرده بود؟" در عوض، ما باید بپرسیم: "وقتی که من این خواست را دارم چطور می توانم از آن، بهترین استفاده را بکنم؟" و جواب ساده است: با آن، همان طوری رفتار کنید که شما با هر چیز دیگری که می خواستید به آن دست پیدا کنید رفتار می کردید. یعنی، در موردش فکر کنید، در موردش صحبت کنید، در موردش مطالعه کنید، و در موردش آواز بخوانید. هرکاری می توانید بکنید، تا به آن، اهمیت بیشتری بدهید. پیشرفت شما، در نتیجه، به همین نسبت شتاب دار خواهد شد.

در کتاب زوهر، داستانی الهام بخش و حقیقی، در مورد یک مرد باهوش به اسم "رابی یوسی بن کیسما" وجود دارد، که بزرگترین کبالیست دوران خودش بود. یک روز، یک تاجر ثروتمند، از شهر دیگری به نزد او آمد و پیشنهاد کرد که او به شهر مرد ثروتمند نقل مکان کند و مدرسه ای برای مردمان تشنه ی دانش آن شهر باز کند. تاجر توضیح داد که هیچ حکیمی در شهر او وجود ندارد، و شهر، نیازمند داشتن معلمان روحانی است. نیازی نیست بگوییم که او به رابی یوسی قول داد که همه نیاز های شخصی و آموزشی او، با بخشندگی، برایش فراهم خواهد شد.

تاجر، با تعجب بسیار، دید که رابی یوسی، کاملا مصمم، این پیشنهاد را رد کرده و توضیح می دهد که در هیچ شرایطی، او به جایی که حکیمان دیگر نباشند نقل مکان نخواهد کرد. تاجر با تاسف تلاش کرد که با او بحث کند که چون رابی یوسی بزرگترین حکیم دوران است، پس او نیازی نداشت از کسی

یاد بگیرد.

همچنین تاجر گفت: "با آمدن به شهر ما، و آموزش مردم، شما یک خدمت روحانی بزرگ خواهید کرد، چون در شهر شما تعداد زیادی حکیم از قبل وجود دارد، ولی شهر ما هیچ حکیمی ندارد، پس این مشارکت و خدمت بزرگی برای روحانیت کل نسل ما خواهد بود. آیا ممکن است که رابی بزرگ، حداقل، در مورد این پیشنهاد من فکر کند؟"

رابی یوسی، مصمم، در جوابش گفت: "حتی زیرک ترین حکیم، خیلی زود نادان خواهد شد، هنگامی که در میان مردمان نادان، مسکن گزیند." اینگونه نیست که رابی یوسی نمی خواست به مردمان شهر تاجر کمک کند، بلکه او، به سادگی می دانست که بدون یک محیط پشتیبان، او در دو جبهه شکست می خورد: ناتوانی از آگاه کردن دانش آموزانش، و از دست دادن درجه روحانی خودش.

آنارشیست نه

بخش قبلی، ممکن است به این منجر شود که فکر کنید، کبالیست ها، آنارشیست، یا اقتدار گریز هستند. کسانی که می خواهند در مورد نظم کنونی جامعه، اشکال تراشی کنند، برای ترویج ساختن جوامعی که جهت گیری های روحانی دارد. هیچ چیزی، نمی تواند بالاتر از حقیقت باشد.

یهودا آشلاگ، خیلی آشکار، توضیح می دهد، و هر جامعه شناس و انسان شناسی تایید خواهد کرد، که انسان ها، مخلوقات اجتماعی ای هستند. به عبارت دیگر، ما هیچ انتخابی نداریم جز اینکه در جوامع، زندگی کنیم. چون ما، شاخه هایی از یک روح مشترک هستیم، بنابراین، آشکار است که ما بایستی قوانین

جامعه ای را که در آن زندگی می کنیم، رعایت کنیم، و نسبت به رفاه آن، احساس مسئولیت کنیم. و تنها راه دستیابی به آن، این است که با قوانین جوامعی که در آنها زندگی می کنیم، یکی شویم.

با این وجود، آشلاگ همچنین بیان می کند که در هر وضعیتی که مرتبط با جامعه نیست، جامعه، هیچ حق یا توجیهی برای محدود کردن و سرکوب آزادی یک فرد ندارد. آشلاگ، حتی تا آنجا پیش می رود که کسانی که این کار را می کنند، مجرم می خواند. و بیان می کند که در مورد پیشرفت روحانی یک شخص، طبیعت، فرد را مجبور نمی کند که از خواست اکثریت پیروی کند. برعکس، رشد روحانی، مسئولیت شخصی هر یک از ماست. با انجام آن، ما نه تنها زندگی های خودمان را، بلکه زندگی کل دنیا را بهتر می کنیم. این ضروری است که ما جدایی بین وظیفه هایمان، نسبت به جامعه ای که در آن زندگی می کنیم و رشد روحانی شخصی خودمان را بفهمیم. شناختن و دانستن اینکه مرز بین این دو کجاست، و چه طور در هر دوی آنها، مشارکت کنیم، ما را از سردرگمی بسیاری رها خواهد کرد، و راه را بر بدفهمی هایی در مورد روحانیت می بندد.

قانون زندگی، بایستی ساده و سر راست باشد. در زندگی روزمره، ما از حاکمیت قانون، پیروی می کنیم. در زندگی روحانی، ما آزادیم که به طور انفرادی رشد کنیم. نتیجه اینکه آزادی فردی، تنها از طریق انتخاب ما، در رشد روحانی، می تواند به دست بیاید، جایی که دیگران، نبایستی دخالتی داشته باشند.

مرگ اجتناب ناپذیر خودپرستی

عشق به آزادی، عشق به دیگران است .

عشق به قدرت، عشق به خودمان است.

ویلیام

هازارد (۱۷۷۸- ۱۸۳۰)

اجازه دهید کمی وقت، برای نوع نگاه دیگری به بنیان های خلقت بگذاریم. تنها چیزی که خالق خلق کرد، خواست گرفتن ما است، یا همان خودپرستی مان. این، ذات ماست. اگر ما یاد بگیریم که چگونه خودپرستی مان را غیرفعال کنیم، آنگاه ارتباط مان با خالق، را باز خواهیم یافت. چون بدون خودخواهی، ما دوباره برابری در فرم، با او را کسب می کنیم، همان طوری که آن در دنیاهای روحانی وجود دارد. غیر فعال کردن خودپرستی مان، شروع صعود ما بر روی نردبان روحانی، یا شروع پروسه اصلاح، است.

این، طنز نیش دار طبیعت است که مردمی که در لذت های خودپرستانه افراط می کنند نمی توانند خوشحال باشند. دو دلیل برای این وجود دارد:

۱- همان طوری که در فصل اول توضیح دادیم، خودپرستی، یک نوع بیماری است. اگر شما آنچه را می خواهید داشته باشید، آنگاه، شما دیگر آن را نمی خواهید.

۲- یک خواست خودپرستانه، نه تنها از ارضاء هوس های خودش لذت می برد، بلکه نارضایتی دیگران نیز آن را خوشحال می کند.

برای درک بهتر دلیل دوم، ما بایستی به بنیان ها برگردیم. فاز اول در فازهای چهارگانه اساسی، تنها می خواهد که لذت را دریافت کند. فاز دوم، از قبل پیچیده تر است و می خواهد که لذت را از بخشیدن، دریافت کند، چون بخشیدن، حالت وجودی خالق است. اگر رشد ما، در فاز اول، متوقف شده باشد، ما همان لحظه که خواستمان پر می شد، راضی می شدیم، و برایمان مهم نبود که دیگران چه وضعیتی دارند.

با این وجود، فاز دوم یا خواست بخشش، ما را مجبور می کند که به دیگران توجه کنیم تا بتوانیم به آنها ببخشیم، اما چون خواست بنیادین ما، گرفتن است، تمام آنچه وقتی ما به دیگران نگاه می کنیم این است که آنها، همه نوع چیزی دارند که من ندارم. به دلیل فاز دوم، ما همیشه خودمان را با دیگران مقایسه می کنیم و به دلیل خواست گرفتن فاز اول، ما همیشه می خواهیم که بالاتر از آنها باشیم، به همین دلیل، ما از دیدن کمبود های آنها لذت می بریم.

به هر حال، به همین دلیل است که خط فقر، از کشوری به کشور دیگر تغییر می کند. براساس لغت نامه ی وبستر، خط فقر، چنین تعریف می شود: مرحله ای از درآمد شخصی، یا خانوادگی، که در زیر آن، شخص براساس استاندارد های دولتی، به عنوان فقیر دسته بندی می شوند.

اگر تمام افراد دور و بر من، به اندازه ی من، فقیر بودند، من، احساس فقر نمی کردم. اما اگر همه ی افراد دور و بر من، ثروتمند بودند، و من فقط یک درآمد میانگین داشتم، آنگاه من احساسی همانند فقیرترین شخص روی زمین را داشتم. به عبارتی دیگر، هنجارهای ما به وسیله ی ترکیبی از فاز اول، آنچه که می خواهیم داشته باشیم، و فاز دوم، که به وسیله ی آنچه دیگران

دارند تحمیل می شوند.

در حقیقت، خواست بخشش ما، که بایستی تضمینی می بود که دنیای ما مکان خوبی برای زندگی کردن باشد، در واقع دلیل تمام شری است که در دنیا وجود دارد. این، ذات فاسد ما است. پس جایگزین کردن نیت گرفتن، با نیت بخشیدن، تمام آن چیزی است که ما باید اصلاح کنیم.

درمان

هیچ خواست یا کیفیتی، به طور طبیعی، شر نیست، بلکه نحوه استفاده ما از آنها، آنها را به شر بودن تبدیل می کند. کبالیست های باستانی، از قبل، گفته اند که: "حسادت، شهوت و به دنبال افتخار بودن، یک بشر را از دنیا بیرون می آورد." یعنی بیرون از دنیای ما و به درون دنیای روحانی می برد.

چه طور چنین چیزی ممکن است، ما از قبل دیده ایم که حسادت، به رقابت منجر می شود و رقابت باعث پیشرفت کردن می شود. اما حسادت، به نتایج بسیار بزرگتری از منفعت های تکنولوژیک یا دیگر سودمندی های دنیایی منجر می شود.در مقدمه ای بر کتاب زوهر، اشلاگ می نویسد که انسان ها می توانند دیگران را احساس کنند، و بنابراین، به آنچه دیگران دارند احساس کمبود داشته باشد، در نتیجه آن ها با حسادت پر می شوند و هر چیزی را که دیگران دارند می خواهند و هر چه مردمان دیگر بیشتر داشته باشند آنگاه شخص احساس خالی تر بودن می کند. و آنگاه شخص می خواهد کل دنیا را ببلعد.

سرانجام حسادت ما را به مرحلی ای می رساند که به چیزی غیر از خود

خالق راضی نخواهیم شد، اما این جا طنز طبیعت یک بار دیگر فنی را بر روی ما اجرا می کند؛ خالق خواستی برای بخشیدن است، نوع دوستی. اگر چه ما در آغاز از آن ناآگاه هستیم با خواستن بر روی صندلی راننده نشستن و تبدیل به خالق شدن، ما در حقیقت وسوسه نوعدوست شدن را پیدا می کنیم. بنابراین از طریق حسادت یعنی زیان بارترین و خیانت کارترین ویژگی خودپرستی، خود پرستی ما خودش را در بستر مرگ قرار می دهد، درست همان طوری که یک سلول سرطانی ارگانیسم میزبانش را نابود می کند تا این که خود آن سلول نیز به همراه بدنی که ویران کرده می میرد. یک بار دیگر ما می توانیم اهمیت ساختن یک محیط اجتماعی مناسب را ببینیم چون اگر ما مجبور به حسادت بشویم، آنگاه بایستی حداقل به طور سازنده ای حسود باشیم یعنی حسادت نسبت به چیزی که ما را به اصلاح برساند بکنیم.

کبالیست ها خود پرستی را این گونه تعریف می کنند: خودپرستی همانند یک مرد دارای یک شمشیر است با یک قطره خوشمزه و دلربا که معجونی کشنده است و در نوک آن شمشیر قرار دارد. مرد می داند که معجون سمی زهردار است اما نمی تواند به خودش کمک کند. او دهانش را باز می کند نوک شمشیر را بر روی زبانش قرار می دهد و آن را می بلعد ...

یک جامعه ی عادلانه و شاد نمی تواند بر خودخواهی نظارت شده یا هدایت شده تکیه کند، ما می توانیم تلاش کنیم که خودپرستی را از طریق حاکمیت قانون مهار کنیم اما این تنها تا زمانی کار می کند که شرایط سخت تر می شود، همان طوری که در آلمان دیده ایم یعنی یک دموکراسی تا این که آن به

طور دموکراتیک آدولف هیتلر را انتخاب کرد. ما همچنین می توانیم خودپرستی را به نفع جامعه هدایت کنیم اما این نیز از قبل در کمونیسم روسیه امتحان شده است و به طرز ناراحت کننده ای شکست خورده است. حتی آمریکا سرزمین آزادی فرصت ها و کاپیتالیسم در خوشحال ساختن شهروندانش شکست خورده است.

بر اساس مجله ی نیوانگلند در پزشکی، سالیانه بیش از۴۶ میلیون آمریکایی در سنین ۱۵ تا ٥٤ سال از طیف هایی از افسردگی رنج می برند و آرشیو روانپزشکی عمومی اعلام کرده استفاده از دارو های ضد جنون قوی برای معالجه ی بچه ها و بزرگسالان در بین سال های۱۹۹۳ تا ۲۰۰۲ میلادی بیش از پنج برابر افزایش یافته است. همان طوری که در ژوئن ۲۰۰٦ میلادی در ویرایش نیویورک تایمز چاپ شده است.
کوتاه این که تا زمانی که خودپرستی دست بالاتر دارد جامعه همیشه غیر عادلانه خواهد بود و اعضایش را به این و آن صورت ناامید خواهد کرد. در نهایت همه جوامع بر اساس خودپرستی بنیاد نهاده شده و همراه خودپرستی که آنها را خلق کرده است از پای در می آیند و انرژی شان تمام می شود. ما تنها بایستی باعث اتفاق افتادن آن در سریع ترین زمان ممکن و به آسان ترین شیوه بشویم که به نفع همه ی ما است.

آزادی تقلبی

کبالیست ها، از فقدان یا نبود احساس خالق، با عنوان "پنهانی چهره خالق" یاد میکنند. این پنهانی، یک توهم در مورد وجود آزادی، در انتخاب بین دنیای ما

و دنیای خالق، یا دنیای روحانی، ایجاد میکند.

اگر میتوانستیم خالق را ببینیم، اگر واقعاً می توانستیم سودمندی های نوع دوستی را احساس کنیم، بدون شک، دنیای او را بر دنیای خودمان ترجیح می دادیم، چون دنیای او، دنیای بخشش و لذت است.

پیشتر در همین فصل، در بخش "افسار زندگی" گفتیم که کل طبیعت، تنها از یک قانون پیروی می کند: قانون لذت و رنج. به عبارت دیگر، هر چیزی که ما انجام میدهیم، می اندیشیم، و طرح میکنیم، یا برای از بین بردن رنج ما است، یا برای افزایش لذت ما. ما هیچ آزادی ای در این مورد نداریم، اما چون ما نمی بینیم که چه نیروهایی بر ما حاکم هستند، پس ما فکر میکنیم که آزاد هستیم.

"پنهانی"

باروخ اَشلاگ، پسر یهودا اَشلاگ، که به نوبه خودش کبالیستی بزرگ بود، سخنانی را که از پدرش می شنید در دفتری یاداشت می کرد. این دفتر، بعدها با عنوان "شامَعتی"، یعنی "من شنیدم"، چاپ شد. در یکی از یادداشت ها، او نوشته است که: "اگر ما به وسیله یک نیروی بالاتر، خلق شده ایم، پس چرا ما آن را احساس نمی کنیم؟چرا آن پنهان است؟ اگر ما میدانستیم که او از ما چه می خواهد، آنگاه اشتباه نمی کردیم، و همچنین به وسیله مجازات ها رنج داده نمی شدیم.

زندگی چقدر ساده تر و خوشایندتر می بود، اگر خالق، آشکار شده بود. ما به وجود او شک نمی کردیم و همه می توانستیم راهنمایی هایش را برای خودمان و برای دنیا تشخیص دهیم. در آن هنگام ما دلیل و هدف خلقت مان را می دانستیم و واکنش های او در مورد کنش های خودمان را می دیدیم. می توانستیم قبل از هر عملی با او صحبت کرده و مشاوره او را بخواهیم. چه

قدر زندگی زیباتر و ساده تر می بود. اشلاگ، اندیشه هایش را با یک نتیجه غیر قابل اجتناب پایان میدهد، که یگانه آرمان ما در زندگی بایستی آشکار کردن خالق باشد.

با این وجود، برای واقعاً آزاد بودن، ما ابتدا بایستی از افسار قانون لذت و رنج رها شویم. و چون خودپرستی ما به ما تحمیل میکند که چه چیزی لذت بخش و چه چیزی دردناک است، ما در می یابیم که برای آزاد بودن، ابتدا بایستی از چنگ خودپرستی مان رها بشویم.

شرایط انتخاب آزاد

جالب اینجاست که آزادی انتخاب حقیقی، تنها اگر خالق، پنهان باشد، ممکن است. دلیلش این است که اگر یکی از انتخاب ها، بهتر باشد، خودپرستی ما، هیچ امکان انتخابی، برای ما باقی نمی گذارد، تا خودمان چیزی را انتخاب کنیم. در مورد کنونی، حتی اگر ما بخشیدن را انتخاب کنیم، آن، "بخشیدن برای خاطر گرفتن" خواهد بود، یا همان "بخشش خودپرستانه". برای اینکه یک عمل، حقیقتاً نوعدوستانه و روحانی باشد، سودمندی آن برای خودمان بایستی از ما پنهان باشد.

اگر به خاطر داشته باشیم، هدف کامل خلقت، این است که سرانجام از خودپرستی رها شویم، آنگاه، اعمال ما همواره به سوی جهت درست یعنی به سوی خالق خواهند بود. بنابراین، اگر ما دو انتخاب داشته باشیم و ندانیم کدام یک لذت بیشتر یا رنج کمتری برایمان به بار می آورد، آنگاه ما یک شانس واقعی برای یک انتخاب آزاد داریم.

اگر خودپرستی، انتخاب قابل ترجیح و بهتری را نبیند، آنگاه می توانیم بر اساس یک دسته از ارزش های متفاوت انتخاب مان را انجام دهیم. برای مثال، به جای اینکه کدام یک جالب تر خواهد بود، ما می توانیم از خودمان بپرسیم که کدام یک بیشتر بخشنده خواهد بود. اگر بخشیدن، چیزی باشد که ما برایش ارزش قائلیم، انجام این کار آسان خواهد بود.

ما میتوانیم خودپرست یا نوعدوست باشیم، یعنی به خودمان فکر کنیم یا به دیگران. هیچگونه انتخاب های دیگری وجود ندارند. آزادی انتخاب، هنگامی ممکن است که هر دو انتخاب، آشکارا قابل مشاهده باشند و به طور برابری، جذاب یا غیر جذاب باشند. اگر من، تنها بتوانم که یک انتخاب را ببینم، آنگاه بایستی اجباراً همان یکی را دنبال کنم.

بنابراین، برای انتخابی آزادانه، من بایستی طبیعت خودم را ببینم و طبیعت خالق را. تنها، وقتی من ندانم که کدام یک لذت بخش تر است، آنگاه، میتوانم یک "انتخاب آزاد حقیقی" انجام دهم، و خودپرستی خودم را خنثی کنم.

پیاده کردن انتخاب آزاد

اصل اول در کار روحانی، "باور بالاتر از عقل" است. پس، قبل از اینکه در مورد پیاده کردن انتخاب آزاد صحبت کنیم، ما بایستی معنای کبالیستی "باور" و "عقل" را توضیح دهیم:

باور

در هر مذهب و سیستم عقیدتی بر روی زمین، از باور، به عنوان وسیله ای برای سازش در مورد آنچه نمی توانیم ببینیم یا به طور آشکاری درک کنیم،

استفاده می شود. به عبارتی دیگر، چون نمی توانیم خالق را ببینیم، بایستی باور داشته باشیم که او وجود دارد. در این مورد، ما از باور استفاده می کنیم تا در مورد ناتوانی خودمان در دیدن خداوند سازش کنیم، یا آن را جبران کنیم، این، "باور کور" نامیده میشود.

اما از باور به عنوان سازش، نه فقط در مذهب، بلکه عملا در هر چیزی که ما انجام می دهیم استفاده می شود. برای مثال، ما از کجا می دانیم که زمین به شکل کروی است، آیا ما هرگز به جو اطراف زمین رفته ایم که خودمان آن را بررسی کنیم؟ ما به دانشمندانی که می گویند آن کروی است، باور داریم. چون فکر می کنیم دانشمندان، انسان های قابل اعتمادی هستند، و می توانیم به آنها اعتماد کنیم وقتی که میگویند درستی چیزی را بررسی کرده اند. ما به آنها باور داریم، و این باور، "باور کور" است.

پس، هر جایی و هر وقت ما خودمان نتوانیم ببینیم و بررسی کنیم، آنگاه ما از باور استفاده می کنیم تا قسمت های گمشده ی تصویر را تکمیل کنیم. اما این اطلاعات، جامد و قابل اتکا نیست، بلکه تنها، یک "باور کور" است.

در کبالا، باور، دقیقا متضاد با چیزی است که اکنون توضیح دادیم. باور در کبالا، یک درک ملموس، زنده، کامل، شکست ناپذیر و غیر قابل انکار خالق، یا همان قانون حاکم بر زندگی است. بنابراین تنها راه به دست آوردن باور به خالق، دقیقا همانند او شدن است. در غیر اینصورت، چگونه در پشت سایه ای از تردید، ما خواهیم دانست که او کیست؟ یا اینکه او اصلا وجود دارد یا نه؟

عقل

لغت نامه وبستر، دو تعریف برای عبارت "عقل، Reason" ارائه می کند. تعریف اول آن، علت است. اما تعریف دوم است که ما به آن علاقه مندیم. تعریف دوم عقل، بر اساس وبستر، سه معنا دارد:

۱: قدرت فهمیدن، استنتاج کردن، فکر کردن، به ویژه از طریق راه های منطقی ترتیبی.

۲: ورزشی مناسب برای مغز.

۳: مجموع قدرت های فکری.

به عنوان هم معنی و مترادف، وبستر انتخاب های زیر را در میان دیگر انتخاب ها، ارائه می کند: هوش، ذهن و منطق.

اکنون اجازه دهید تعدادی از کلماتی روشنگرانه که کبالیست باروخ اشلگ، در نامه ای به یکی از دانش آموزانش نوشته بود، را بخوانیم. او در آن، زنجیره ی فرماندهی، یا سلسله مراتب، دستوری خلقت را توضیح میدهد. این روشن خواهد کرد که چرا ما نیاز داریم فراتر از عقل برویم.

خواست گرفتن، خلق شد، چون هدف خلقت، خوبی کردن به مخلوقاتش بود. و برای این هدف، یک ظرف، برای دریافت لذت بایستی وجود داشته باشد. پس از همه ی اینها، اگر نیازی برای لذت وجود نداشته باشد، غیرممکن است که لذت را احساس کنیم، چون بدون یک نیاز، هیچ لذتی احساس نمی شود.

این خواست گرفتن، "تمام بشر، یا آدم، Adam" است که خالق، خلق کرد. هنگامی که ما میگوییم: بشر از خوشی ابدی بهره مند خواهد شد، ما به خواست گرفتن اشاره میکنیم، که همه لذتی را که خالق برای دادنش نقشه کشیده بود را دریافت خواهد کرد.

به خواست گرفتن، خدمتکارانی داده شده است که به آن خدمت کنند و از طریق آنها ما لذت را دریافت می کنیم. این خدمتکاران، همان دستها، پاها، بینایی، شنوایی و غیره هستند، همه ی اینها خدمتکاران یک شخص در نظر گرفته می شوند. به عبارتی دیگر، خواست گرفتن، استاد است و اعضای بدن، خدمتکاران آن استاد هستند.

و همانطور که معمولا اتفاق می افتد، خدمتکاران یک ناظر، یا همان مغز در اینجا، در میانشان دارند، کسی یا چیزی که بر خدمتکاران استاد، نظارت می کند، تا اطمینان حاصل شود که آنها برای هدف مطلوب آوردن لذت کار میکنند. زیرا این، چیزی است که استاد یا خواست گرفتن می خواهد.

و اگر یکی از خدمتکاران غایب باشد، لذت مرتبط با آن خدمتکار نیز غایب خواهد بود. برای مثال، اگر شخصی کر باشد، او نمی تواند از موسیقی لذت ببرد، و اگر کسی حس بویایی نداشته باشد، آنگاه نمی تواند از بوی یک عطر خوش لذت ببرد.

اما اگر مغز یک شخص، همان ناظر همه خدمتکاران، که همانند یک سر کارگر است که مراقب کارگران است، غایب باشد کل کار خواهد خوابید و مالک یا استاد زیان خواهد برد.

اگر شخصی، دارای شرکتی یا کارمندانی بسیار باشد، اما مدیر خوبی نداشته باشد، آن شخص، به جای سود ممکن است زیان ببیند. با این وجود، حتی بدون مدیر، یا ناظر، یا عقل، خواست گرفتن هنوز هم حاضر است. و حتی اگر مدیر، یا ناظر بمیرد شرکت هنوز زندگی می کند.

نتیجه اینکه اگر ما بخواهیم که خواست گرفتن خودپرستانه را شکست دهیم، و نوعدوست شویم، بایستی ابتدا بر رئیس کارکنان غلبه کنیم. یعنی باور، یا دقیقا همانند خالق شدن، بایستی بالاتر و مهمتر از عقل، یا خودپرستی مان، قرار بگیرد. و روش رسیدن به این مهم، دو مرحله دارد:

در مرحله شخصی، نیاز به یک گروه مطالعاتی است، یعنی جمعی از دوستان که کمک کنند به ایجاد یک محیط اجتماعی مشوق ارزش های روحانی. و در مرحله ی گروهی، نیاز است که کل جامعه یاد بگیرد که از ارزش های نوعدوستانه، قدردانی و سپاسگزاری کند.

در پوست گردو

هرکاری، که ما در زندگی انجام میدهیم، به وسیله ی اصل "رنج و لذت" تعیین می شود. ما از رنج فرار می کنیم، و به دنبال لذت می رویم، و هرچه کمتر مجبور باشیم که برای لذت، کار کنیم بهتر است.

اصل رنج و لذت، به وسیله ی خواست گرفتن تحمیل می شود. و خواست گرفتن، هرکاری که ما انجام می دهیم را کنترل می کند. چون آن، ذات ما است. بنابراین، در حالی که ما فکر میکنیم که موجودات آزادی هستیم، اما در حقیقت، به وسیله ی دو افسار زندگی، لذت و رنج، زنجیر شده ایم، که این دو

در دستان خودپرستی مان هستند.

چهار عامل، تعیین می کنند که ما چه کسی هستیم:

۱: بستر

۲: ویژگی های تغییر ناپذیر بستر

۳: ویژگی هایی از بستر، که از طریق نیروهای خارجی تغییر میکنند

٤: تغییرات در محیط خارجی

ما، تنها می توانیم بر عامل آخر، تاثیر بگذاریم. اما آن عامل، خودش بر تمام عامل های دیگر تاثیر می گذارد.

بنابراین، تنها راه انتخاب اینکه ما چه کسی باشیم، از طریق نحوه انتخاب عامل آخر، و بنابراین، تغییر و نظارت بر محیط اجتماعی خارجی مان ممکن است. چون تغییر در عامل آخر، بر همه عامل های دیگر تاثیر می گذارد. با تغییر آن، ما خودمان را تغییر میدهیم. اگر بخواهیم که خودمان را از خودپرستی آزاد کنیم، نیاز داریم که محیط خارجی را به محیطی که نوع دوستی را و نه خودپرستی را، حمایت کند تغییر دهیم.

و وقتی که ما از خواست گرفتن، و از خودپرستی آزاد شده باشیم، آنگاه میتوانیم در روحانیت پیشرفت کنیم. و برای انجام آن، ما اصل "باور بالاتر از عقل" را بایستی دنبال کنیم.

"باور"، در کبالا، یعنی درک کامل خالق. ما می توانیم باور را تنها با برابر شدن با او در ویژگی های مان، در خواست های مان، نیت های مان و اندیشه

های مان بدست آوریم. کلمه "عقل"، به ذهن ما، یا همان سرکارگر خودپرستی مان مرتبط است. برای بالاتر از آن رفتن، ما بایستی ارزش برابر شدن با خالق را مهمتر کنیم، یعنی آن، با ارزش تر از هر لذت خودپرستانه ای باشد که ما میتوانیم تصورش را بکنیم.

در مرحله شخصی، ما اهمیت خالق یا نوع دوستی را با استفاده از کتاب ها یا رسانه های دیگر، دوستان، و معلمی که به ما نشان دهد که چقدر نوعدوست بودن مهم است، می توانیم تقویت کنیم. در مرحله ی اجتماعی، ما تلاش میکنیم که ارزش های نوع دوستانه ی بیشتری را در جامعه رواج دهیم و بکار گیریم.

با این وجود، این برای موفقیت تغییر، ضروری است که در برگرفتن ارزش های نوع دوستانه، نباید تنها برای بهتر کردن و خوشایند کردن زندگی هایمان در این دنیا، انجام بشوند. آن، بایستی برای برابر کردن خودمان و جوامع مان با طبیعت، انجام بشود، یعنی با تنها قانون واقعیت، که قانون نوعدوستی، یا خالق، است.

وقتی ما، خودمان را به وسیله ی این محیط ها، به عنوان فرد و به عنوان جامعه، احاطه کنیم، ارزشهای مان، به تدریج، به ارزش های محیط مان تغییر میکنند. و بنابراین، خودپرستی مان را به صورت طبیعی، به آسانی و به طور خوشایندی به نوعدوستی تغییر میدهیم.

لینک ها برای مطالعات بیشتر

برای آگاهی بیشتر در مورد دانش کبالا و یافتن پاسخ پرسش هایتان به وبسایت

ها و صفحات مجازی بنی باروخ سر بزنید:

سایت فارسی مجموعه: www.kabbalah.info/ir

سایت اصلی: www.kabbalah.info

فیسبوک: www.facebook.com/DaneshKabbalah

تلگرام: (آرشیو مطالب) https://t.me/Persiankabbalah

اینستاگرام: www.instagram.com/Kabbalah.iran

I0369753

www.ingramcontent.com/pod-product-compliance
Lightning Source LLC
Chambersburg PA
CBHW071455080526
44587CB00014B/2117
9781772281200